Theo Lehmann

Sechsmal Bethlehem und zurück

Theo Lehmann

Sechsmal Bethlehem und zurück

Ungewöhnliche Weihnachtsreden

aussat

4. Auflage 2007

Verlagsgesellschaft des Erziehungsvereins mbH, Neukirchen-Vluyn
Titelgestaltung: Hartmut Namislow
Gesamtherstellung: Fuck Druck, Koblenz
Printed in Germany

ISBN 978-3-7615-3746-6
Bestellnummer 113 746

Inhalt

Quellen

S. 17	„Friede mit Gott“, Rechte: Theo Lehmann & Wolfgang Tost
S. 30	„Nur ein Päckchen, kein Paket“, Rechte: Theo Lehmann & Wolfgang Tost
S. 41	„Gott ist nicht zu erkennen an Macht und Herrlichkeit“, Rechte: Theo Lehmann
S. 53	„Ärmer als arm“, Rechte: Theo Lehmann & Wolfgang Tost
S. 65	„Gott macht sich aus Liebe klein“, Rechte: Jörn Philipp
S. 68	„Und das Wort ward Fleisch“, aus: Gerd Semmer, Widerworte. Gedichte und Chansons. Aufbau-Verlag, Berlin und Weimar 1965, S. 15; Rechte beim Autor
S. 79	„Viele bunte Lichter“, Text und Melodie: Karl-Heinz Willenberg, Rechte: Hänssler Verlag, D-71088 Holzgerlingen

Checkliste für Funzelchristen

Jesaja 9,1–6

Ein Pfarrer hat seine Kirche renoviert. Zu Weihnachten soll alles fertig sein. Da bekommt er eine fette Spende, und davon will er sich einen Traum erfüllen. An die Vorderseite seiner Kirche will er einen Bibelspruch anbringen lassen, holzgeschnitzt, handgearbeitet.

Er fährt ins Erzgebirge zu einem Holzschnitzer und überredet ihn, dass er so kurz vor Weihnachten noch den Auftrag annimmt. Der sagt schließlich zu und das Geschäft wird mit einem Schnaps besiegelt. Der Pfarrer fährt nach Hause.

Kaum ist er da, kommt ein Telegramm vom Holzschnitzer: »Hauptsache vergessen: Wie heißt der Spruch? Wie sind die Maße?« Der Pfarrer telegrafiert zurück, und als der Holzschnitzer das liest, traut er seinen Augen nicht. Das Telegramm lautet: UNS IST EIN KIND GEBOREN. EIN SOHN IST UNS GEGEBEN. DREI METER LANG. EINEN HALBEN METER BREIT.

So, und jetzt der Satz, den der Pfarrer geschnitzt haben wollte, im Zusammenhang der Bibel:

»Das Volk, das im Finstern wandelt, sieht ein großes Licht, und über denen, die da wohnen im finstern Lande, scheint es hell ... Denn uns ist ein Kind geboren, ein Sohn ist uns gegeben, und die Herrschaft ruht auf seiner Schulter; und er heißt Wunder-Rat, Gott-Held, Ewig-Vater, Friede-Fürst; auf dass seine Herrschaft groß werde und des Friedens kein Ende auf dem Thron Davids und in seinem Königreich« (Jes 9,1.5.6).

Eine Gans ganz ohne Glanz

Als erstes müssen wir die Frage klären: Welches ist das wichtigste Wort in diesem Bibelabschnitt? Hier kommen ja eine Menge schwere, schwerwiegende, bedeutungsschwere Wörter vor. Über jedes dieser Wörter könnte man eine ganze Weihnachtspredigt halten. Aber alles wäre nutzlos, alles würde falsch, unsere ganze Weihnachtsfeierei würde sinnlos, wenn wir nicht erkennen, was hier das wichtigste Wort ist. Ohne dieses Schlüsselwort bleiben uns diese Bibelstelle, die Weihnachtsgeschichte, das Weihnachtsfest verschlossen.

Das wichtigste Wort heißt: »Uns«. Der Prophet Jesaja sagt nicht: »*Es* ist ein Kind geboren«, sondern er sagt: »*Uns* ist ein Kind geboren.« Und die Engel sagen zu den Hirten nicht: »*Es* ist heute der Heiland geboren«, sondern: »*Euch* ist heute der Heiland geboren.« Gott hat es auf uns abgesehen. Sein Sohn ist uns gegeben. Also geht es darum, das an uns adressierte Geschenk Gottes anzunehmen.

Alle, die das nicht wissen, wissen nicht, was Weihnachten ist. Die feiern die Fete falsch. Feiern – das tun sie am 24. alle, auch die Gottesleugner. Aber auch sie können nicht leugnen, dass Weihnachten deswegen stattfindet, weil damals ein Kind geboren wurde. Das ist der Anlass. Aber viele wollen, obwohl sie mitfeiern, mit dem Anlass der Feier, mit dem Kind, nichts zu tun haben.

Das kommt mir immer so vor, als würde jemand mit großem Tamtam die Erfindung der Glühbirne feiern, aber für seine Person die Glühbirne ablehnen und bei der Petroleumlampe bleiben. Dabei feiert doch nur der die Erfindung der Glühbirne richtig, der diese Erfindung für sich in Anspruch nimmt und sich elektrisches Licht ins Haus legen lässt. Das wäre ja widersinnig, das Fest der Geburt der Glühbirne bei

Gänsebraten und Glühwein zu feiern, sich gegenseitig kleine Glühbirnen aus Marzipan zu schenken und überall holzgeschnitzte Glühbirnchen aufzuhängen, aber wegen prinzipieller Gegnerschaft gegen die Glühbirne im Dunkeln statt im Hellen zu sitzen.
Viele feiern das Weihnachtsfest auf diese verkehrte Art. Sie feiern, aber sie lehnen Jesus ab. Sie nehmen ihn nicht für sich in Anspruch. Und deshalb bleiben sie, auch unter tausend Kerzen und unter dem elektrifizierten Weihnachtsbaum im Finstern. Tappen weiter im Finstern – sehen nicht ein, dass sie einen Retter nötig haben, sehen nicht, dass sie einen Retter haben.
Vielleicht gehören wir selber zum Verein dieser Funzelchristen? Nicht etwa, dass wir Jesus ablehnen. Davon kann natürlich keine Rede sein. Aber nehmen wir ihn denn wirklich für uns in Anspruch? Zwischen »haben« und »in Anspruch nehmen« ist ein großer Unterschied.
Einen Sicherheitsgurt haben alle. Aber nehmen ihn alle in Anspruch? Jesus haben viele. Viele sogar schwarz auf weiß, auf ihrem Taufschein. Aber, man wird ja wohl noch fragen dürfen: Nehmen sie ihn alle in Anspruch?
Davon ist heute die Rede. Und wir wollen das jetzt gleich mal nachprüfen, ob und wieweit wir Jesus für uns in Anspruch nehmen. Dazu nehmen wir die Checkliste für Funzelchristen, das ist hier Jesaja 9, und prüfen das anhand der Namen, die hier für Jesus genannt werden.

Guter Rat in Raten

Erster Name: »Wunder-Rat«.
Du weißt aus der Bibel, dass Jesus Wunder getan hat. Vielleicht weißt du das nicht nur, vielleicht glaubst du das auch. Weißt du aber auch, dass Jesus heute noch Wunder tut? Hast

du Wunder in deinem Leben erlebt? Traust du ihm Wunder zu, glaubst du, dass er auch heute – ich meine: heute, am 24 Dezember 2003 – in deinem Leben ein Wunder tun kann? Erwartest du von ihm ein Wunder? Wenn nicht, dann lebst du im Dunkel der Hoffnungslosigkeit und Resignation.
Nächster Punkt der Checkliste: »Rat«.
Jesus ist nie ratlos gewesen. Selbst, wenn ihm eine Gruppe feindseliger Theologen spitzfindige Fangfragen vorlegte, um ihn reinzulegen, war er nie um eine gepfefferte Antwort verlegen. Er hat nie dumm und hilflos rumgestanden wie ich hier manchmal beim Beantworten eurer Fragen, wo ich manchmal passe und sagen muss: »Ich weiß es nicht.« Er hat auch nie jemanden gebraucht, der ihm gute Ratschläge gab. Jesus kam ohne Brockhaus, Ghost-writer und Oberkirchenräte aus. Er wusste immer, was zu tun war. Und er tat immer das Richtige.
Derselbe Wunder-Rat, der er damals war, ist er heute noch. Er ist nicht dümmer und das Leben ist nicht schlimmer als damals. Es gibt keine Lage im Leben, in der du dich nicht an Jesus wenden könntest. Er weiß immer Rat.
Deshalb: Wende dich an ihn! Wende dich in schwierigen Situationen nicht nur an Menschen! Natürlich ist es gut, wenn man Freunde hat. Georg Danzer sagt: »Für mich ist ein Freund ein Typ, mit dem ich unter dem Auto liege und die Hand ausstrecke und es liegt, ohne dass ich noch sagen muss, ›den 13er bitte‹, der 13er Schraubenschlüssel in meiner Hand.« So ein Freund ist Jesus.
Ihn bitten heißt nicht, ihm vorschreiben, wie er handeln soll. Er hat den Schlüssel zu deinem Problem. Aber das ist nicht immer der 13er! Manchmal heißt der Schlüssel: 14 Tage warten! 17 neue Versuche starten! 21-mal vergeben! Oder, was meistens die Lösung ist: nochmal von vorn anfangen, neu geboren werden.

Menschen haben ein begrenztes Wissen. Jesus weiß alles. Menschen können sich irren. Jesus irrt sich nie. Menschen können uns gute Ratschläge geben, sogar in bester Absicht, und es kann trotzdem falsch sein. Deshalb solltest du dich in allem, in allen Fragen deines Lebens an Jesus wenden.
Triff keine Entscheidung nur nach deinem Eindruck oder aus Rücksicht auf Menschen oder Umstände!
Triff keine Entscheidung ohne Gebet: »Jesus, ich weiß nicht, was ich machen soll. Hilf mir, das Richtige zu tun.«
Nimm dir nicht irgendeinen Job, sondern frage: »Jesus, wo möchtest du mich hinhaben?«
Nimm dir nicht irgendeinen Ehepartner, sondern frage: »Jesus, wer ist der Partner, den du für mich ausgewählt hast?«
Wie viele Probleme, gerade auf dem Gebiet der Partnerschaft, hätten wir nicht, wenn wir Jesus vorher gefragt hätten!
Verlass dich nicht auf deine Schlauheit, deine Lebenserfahrung, deine Gefühle, deine Freunde! Frag Jesus!
Und wenn du sein Wort liest und betest, wirst du nicht ohne Antwort bleiben. Es ist wirklich so, wie Gott es verspricht: »Ich liebe, die mich lieben, und die mich suchen, finden mich« (Sprüche 8,17). Ich kann dir nicht sagen, wann und wie Gott dein Gebet beantworten wird. Jedenfalls wirst du merken, wie dann alles leichter wird. Also: Leg Jesus deine Fragen und Probleme vor! Er weiß immer Rat.
Wenn du nicht glaubst, dass Jesus der beste Berater ist, dann lebst du in der Finsternis des Zweifels und der Unsicherheit.

Kein Gusto auf Augustus

Zweiter Name: »Gott-Held«.
Die Bibel sagt: Das Judenkind im Futtertrog war der Sohn Gottes. Neulich hat mir jemand erzählt: In der religionspäd-

agogischen Ausbildung hätten sie die Weihnachtsgeschichte von Lukas durchgenommen. Da wäre aber alles als Mythologie und Legende u.ä. bezeichnet worden und das Einzige, was als gesichert übrig blieb, war, dass damals der Kaiser Augustus gelebt hat. O du lieber Augustin – alles ist hin. Fröhliche Weihnachten!

Wahr ist, dass ganze Generationen von Theologen sich bemühen, alles Göttliche aus der Weihnachtsgeschichte zu demontieren, bis nur noch ein Ichliebeeuchdochallemitmenschlichkeitskuscheljesus übrig bleibt.

Und wahr ist zweitens, dass unser Glaube steht und fällt mit dem Satz: »Das Wort wurde Fleisch.« Das heißt: Gott wurde Mensch. Und das heißt: Der Mensch Jesus war Gott. Alles andere ist unchristliches Geschwafel.

Ebenso wie das Gerede, alle Religionen würden den gleichen Gott anbeten. Wenn z.B. der Islam lehrt, dass Jesus nicht Gott war, dass er nicht Gottes Sohn ist, dann wird klar, dass der Islam eine antichristliche Religion ist. Der Engel Gabriel sagte jedenfalls zu Maria: »Das Heilige, das von dir geboren wird, wird Gottes Sohn genannt werden« (Lk 1,35).

Als Jesus mal seine Jünger fragte: »Wer bin ich?«, da kamen lauter falsche Antworten. Dann sagte Petrus: »Du bist Christus, der Sohn des lebendigen Gottes« (Mt 16,16). Das war die richtige, die einzig richtige Antwort.

Wenn du dieses Petrusbekenntnis nicht mitsprechen kannst, lebst du in der Finsternis des Unglaubens. So viel zum Thema »Gott«.

Jetzt: »Held«.

Die Bibel zeigt, dass Jesus ein Kämpfer war. Er ist gekommen, »um die Werke des Teufels zu zerstören« (1Joh 3,8). Von ihm ging eine Kraft aus, vor der die Dämonen flohen. Er hat Kranke geheilt, Tote auferweckt. Er hat selber den

Todeskampf gekämpft und den Tod besiegt, als er wie ein Held aus dem Grab rauskam.
Ich frage dich: Hast du von dieser Kraft in deinem Leben schon etwas mitgekriegt? Oder bist du ein geistlicher Schwächling, dem bei jeder Erkältung der Glaube gleich mit einfriert?
Jesus gibt auch heute noch schwachen Menschen die Kraft, das Leben zu packen. Was machst du, wenn du mit deinen Aufgaben, deinem Leben nicht fertig wirst? Wenn dir alles über den Kopf wächst und du kein Land mehr siehst? Lässt du dann alles laufen, tust dich besaufen, oder läufst du zu Jesus?
Wenn du nicht mehr weißt, wie du mit deiner Angst, deinem Schicksal, deinen Kindern, deiner Krankheit und deinen Problemen fertig werden sollst, dann geh doch zu Jesus! Bitte ihn doch um Kraft, und er wird sie dir geben: Kraft zum Kämpfen, zum Dulden, zum Bekennen, zum Leiden, zum Leben, zum Sterben.
Wir alle brauchen Kraft, immer wieder, und wir können sie haben. Er will sie uns ja geben. Er hat sie ja. »Denn dein ist das Reich und die Kraft.« Wie viel tausendmal hast du das schon mitgebetet beim Vaterunser! Na dann glaub's doch endlich! Nimm die Kraftquelle in Anspruch, zapfe sie an!
Wenn du diese Kraftquelle nicht in Anspruch nimmst, lebst du in der Finsternis der Schwäche.

Wer ist Boss?

Wir kommen zum dritten Namen: »Ewig-Vater«.
Du weißt aus der Bibel, dass Jesus etwa 30 Jahre auf unserer Erde gelebt hat. Weißt du auch, dass Jesus gestern und heute und derselbe in Ewigkeit ist? Rechnest du damit, ihm in der Ewigkeit zu begegnen? Alle anderen, vor denen du jetzt

katzbuckelst und nach denen du dich richtest, die Trendbestimmer und Modemacher, denen wirst du nie wieder begegnen. Der Einzige, dem du nach deinem Tod in der Ewigkeit nochmal begegnen wirst, ist Jesus. Heute ist er dein Erlöser. Dann begegnest du ihm als deinem Richter.
Ist es das Ziel deines Lebens, deine Ewigkeit mit ihm zu verbringen? Christlicher Glaube ist nicht bloß so'n bisschen Lebenshilfe, dass du einigermaßen durchs Lebens kommst, sondern da geht's darum, dass du in den Himmel kommst. Die Entscheidung, die du jetzt für oder gegen Jesus fällst, hat Gültigkeit für die Ewigkeit.
Ohne die Ewigkeitsperspektive lebst du in der Finsternis der Kurzsichtigkeit.
»Vater«.
Jesus hat gesagt: »Ich und der Vater sind eins« (Joh 10,30). »Wer mich sieht, sieht den Vater« (Joh 14,9). Entsprechend ist Jesus väterlich mit seinen Jüngern umgegangen. Nicht diktatorisch-ausbeuterisch wie ein Sekten-Guru, sondern wie ein Vater, der für seine Familie alles ranschafft.
Um seinetwillen hatten die Jünger alles verlassen. Er hat sie mal gefragt: »Habt ihr jemals bei mir Mangel gehabt?« Und sie antworteten: »Nie«. Was antwortest du?
Ich kann sagen, dass es mir bei Jesus immer gut gegangen ist. Und du? Wann hat Jesus dich im Stich gelassen? Hast du nicht im letzten Jahr x-mal erlebt, wie er für dich sorgt?
Wenn ich mit meinem Auto losfahre, stelle ich mich jedesmal unter den Schutz von Jesus. Ich mache das Zeichen des Kreuzes und sage: »Jesus, ich bitte dich um eine gute und unfallfreie Fahrt.« Dann Gang rein und dann geht das seinen Gang. Mit dieser Einstellung bin ich in meinem Leben nicht schlecht gefahren. Und wie viel tausend Kilometer bis du dieses Jahr gut gefahren, obwohl du Jesus weder um Bewahrung gebeten noch ihm dafür gedankt hast?

Wenn du von der väterlichen Fürsorge Gottes noch nichts gemerkt hast, dann lebst du nicht nur in der Finsternis der Blindheit, sondern zusätzlich in der Finsternis der Undankbarkeit.

Licht oder nicht

Und jetzt der letzte Name: »Friede-Fürst«.
Zur Geburt von Jesus haben die Engel gerufen »Ehre sei Gott in der Höhe und Friede auf Erden« (Lk 2,14). Und Jesus hat gesagt: » Meinen Frieden gebe ich euch« (Joh 14,27). Hast du ihn? Wie kommst du mit deinen Freunden, Feinden, Verehrern und Verächtern zurecht? Und vor allem: Hast du Frieden mit Gott? Wenn nicht, dann lebst du in der Finsternis eines unruhigen Gewissens und unvergebener Schuld. Aber so muss es ja nicht bleiben. Das kann sich ändern. Das kannst du ändern. Heute noch.
In Vers 1 unseres Kapitels schreibt der Prophet Jesaja: »Das Volk, das im Finstern wandelt, sieht ein großes Licht, und über denen, die da wohnen im finstern Lande, scheint es hell.« Mit dem Wort »Finsternis« beschreibt die Bibel den Zustand der Trennung des Menschen von Gott. Für diesen Zustand gibt es in der Bibel ein bestimmtes Wort, das heißt: Sünde. Der göttliche Auftrag für Jesus lautet: »Er wird sein Volk retten von ihren Sünden« (Mt 1,21). Es geht um Rettung von der Sünde und ihren Folgen, der ewigen Verlorenheit, der ewigen Finsternis.
Vielleicht hast du im Laufe der Predigt gemerkt, dass es in deinem Leben auch Finsternis gibt, die daher kommt, weil du dein Leben ohne Gott zu führen versuchst. Vielleicht merkst du selber, dass das so nicht funktioniert und so nicht weitergeht. Vielleicht tappst du, mitten in der Lichterflut von Weihnachten, im Dunkeln.

Dann möchte ich dir sagen: Das Licht, das Jesaja angekündigt hat, ist auch für dich da. Du brauchst es nur anzuknipsen, für dich in Anspruch zu nehmen. Und das heißt: Du brauchst Jesus nur anzusprechen.
Jesus ist gekommen, um die Menschen aus jeder Art von Finsternis zu befreien. Egal, ob es sich um Schuld, Suff, Traurigkeit, Drogenabhängigkeit oder Angst handelt. Seit er gekommen ist, ist Hoffnung für alle Menschen da. Er kann auch dein Leben zurechtbringen. Er schafft das bei allen Menschen, die ihm die Herrschaft über ihr Leben einräumen. Jesaja sagt: »Die Herrschaft liegt auf seiner Schulter.« Und damit sind wir auch bei dem letzten Namens-Wort angekommen: »Fürst«.
Die Frage ist: Auf wessen Schultern liegt die Herrschaft über dein Leben? Bist du dein eigener Herr, oder bist du Eigentum des Herrn? Weihnachten geht es um die Machtfrage: Wer ist bei dir der Herr im Hause?
Die Bibel sagt: »Wie viele ihn aber aufnahmen, denen gab er Macht, Gottes Kinder zu werden« (Joh 1,12).
Hast du den Herrn Jesus als Fürsten, Boss und Chef deines Lebens angenommen? Wenn nicht, dann sag ihm noch heute, am besten jetzt: »Jesus, ich möchte raus. Ich möchte wieder Land sehen. Ich möchte meine Schuld loswerden. Ich möchte nicht weiter leben ohne dich. Ich hab da heute eine Menge gehört von Rat und Kraft und Frieden. Wenn das stimmt, und wenn's das bei dir gibt, dann gib es mir bitte.«

So oder so ähnlich kannst du mit Jesus reden. Lass dich mit ihm ein! Lass ihn in dein Leben rein! Lass ihn den Herrn deines Lebens sein!
Dann ist es bei dir mit der Finsternis vorbei. Dann bekommst du das, was sich alle Welt wünscht, wovon alle Welt redet und was dir alle Welt nie geben kann: Frieden mit Gott.

Frieden mit Gott ist die Sehnsucht vieler Menschen. Deine auch? Diese Sehnsucht kann gestillt werden.

Friede mit Gott ist die Sehnsucht vieler Menschen.
Friede mit Gott ist für alle Menschen da.
Jesus hat uns mit Gott versöhnt.
Sein Tod am Kreuz macht frei.
Die Feindschaft ist vorbei.
Er ist unser Friede.

Die Mauer ist gefallen,
die unser Herz umgibt.
Wer sich mit Gott versöhnen lässt,
selbst seine Feinde liebt.

Die Wand ist abgebrochen,
die uns die Sicht verbaut.
Wer sich mit Gott versöhnen lässt,
Gott mehr als sich vertraut.

Der Zaun ist abgerissen,
die Schuld, die uns getrennt.
Wer sich mit Gott versöhnen lässt,
den wahren Frieden kennt.

(Theo Lehmann / Wolfgang Tost)

Die Jungfrau kriegt ein Kind

Lukas 1,26–38

Von Männern ist hier bei uns im Gottesdienst schon viel die Rede gewesen, von Frauen seltener. Also reden wir heute mal über eine Frau. Und zwar über die bedeutendste Frau der Weltgeschichte. Ich hab hier einen Auszug aus ihrer Personalakte, die Angaben zur Person:

Name: Maria
Nationalität: Jüdin
Wohnort: Nazareth
Familienstand: ledig
Beruf: Landwirtschaftsfacharbeiterin

Eines Tages bekommt sie Besuch. Ein Engel, ein Bote Gottes, kommt zu ihr: »Da wurde der Engel Gabriel von Gott gesandt in eine Stadt in Galiläa, die heißt Nazareth, zu einer Jungfrau, die war verlobt mit einem Mann namens Joseph, und die Jungfrau hieß Maria« (Lk 1,26–27).
Kein Wort über ihr Aussehen, ob die eine gute Figur hatte. Kein Wort über ihren Charakter, ob die gute Eigenschaften hatte. Kein Wort über ihren Glauben, ob die in Religion eine Eins hatte. Keine Andeutung über irgendwelche Verdienste oder besondere Kennzeichen. Keine Begründung, warum Gott den Engel ausgerechnet zu ihr schickt. Diesem einfachen Mädchen vom Lande wird von dem Engel mitgeteilt: »Du wirst schwanger werden und einen Sohn gebären, dem sollst du den Namen Jesus geben« (Vers 31). Also mit anderen Worten: Die Jungfrau soll ein Kind kriegen.

Alles drin – nur nicht im Kopf

Bei dieser Sache mit der Jungfrauengeburt wird es vielen mulmig, obwohl wir ja an jedem Sonntag im Glaubensbekenntnis von Jesus sagen: »Geboren von der Jungfrau Maria«. Viele sprechen diesen Satz nicht gerade mit Überzeugung. Viele murmeln ihn bloß noch ein bisschen verschämt vor sich hin. Viele schweigen an dieser Stelle, weil sie der Meinung sind, als gebildeter Mensch kann man diesen Satz von der Jungfrauengeburt ehrlicherweise nicht mehr glauben und mitsprechen. Viele, besonders Theologieprofessoren und Theologen, erklären ganz offen: Es handelt sich um eine Art Märchen, das können wir abhaken.

Ich erkläre ganz offen: Da bin ich völlig anderer Meinung. Ich möchte mich von vornherein klar und deutlich zu dem Satz »geboren von der Jungfrau Maria« bekennen, und zwar im wörtlichen Sinne, auch wenn ich es mir damit jetzt bei einigen Konfirmanden und ähnlichen Intellektuellen verscherze.

Die Jungfrauengeburt ist ein Tatbestand, der in der Bibel bezeugt und im Glaubensbekenntnis bekannt wird. Und deshalb ist es unzulässig, wenn jeder dahergelaufene Professor oder Konfirmand erklärt: »Das geht über meinen Verstand, deshalb ist es unmöglich.«

Dieses Argument ist erstens unlogisch, zweitens unbescheiden, drittens unbiblisch. Unlogisch, weil es vieles gibt, das wir zwar nicht verstehen, das aber trotzdem möglich ist. Unbescheiden, weil da ja jemand seinen beschränkten Grips zum Maßstab für alles macht, sogar zum Maßstab für Gottes Handeln. Unbiblisch, weil unser Bibelabschnitt mit dem Satz schließt: »Bei Gott ist kein Ding unmöglich« (Vers 37). Solange du das nicht begriffen hast, im Glauben ergriffen

hast, wirst du weder Gott noch die Bibel begreifen, noch in deinem Glaubensleben reifen. Bitte merke dir diesen Satz: »Bei Gott ist kein Ding unmöglich.« Bei Gott ist nur eins unmöglich, nämlich das Wort »unmöglich«.
Bitte, du darfst nicht so klein von Gott denken. Wenn du so auf deinen Verstand pochst, dann streng deinen Verstand jetzt doch mal an, denk doch mal nach: Wenn Gott wirklich Gott ist, der Planer, Schöpfer, Erhalter und Lenker des Universums, dann ist es doch logisch, dass der größer ist als deine Logik, dass der mehr drauf hat als du mit deinen zehn Jahren Schule, dass bei dem mehr drin ist als bei dir in deiner Birne. Ich verstehe oft nicht mal meine Frau; wie komme ich eigentlich dazu, immer den Chef des Universums verstehen zu wollen?

Nachtigall, ik hör dir klappern

Ich bitte dich: Gib deinen Kleinglauben auf! Gib Gott die Ehre! Gib ihm dein ganzes Vertrauen! Gib nicht auf, wenn du an deine Grenzen kommst, sondern glaube es: Bei Gott ist kein Ding unmöglich!
Hier in dieser Kirche saß jeden Sonntag eine junge Frau, Mutter von zwei Kindern. Sie wurde so krank, dass die Ärzte sie nach einer Operation aufgaben und ihrem Mann sagten, seine Frau hätte nicht mehr lange zu leben. Diese Frau lebt heute noch, inzwischen ist sie Großmutter. Wieso die lebt, können sich die Ärzte nicht erklären.
Aber ich habe eine Erklärung, und die heißt: Bei Gott ist kein Ding unmöglich. Denn damals, nach dem Todesurteil der Ärzte, fing eine Gruppe von Christen an, für die Gesundheit dieser Frau zu beten. Das waren Menschen, die keinen Zweifel daran hatten, dass das stimmt: Bei Gott ist kein Ding unmöglich.

Dieser Satz steht doch nicht in der Bibel, um eine Diskussion zu beenden, sondern um Menschen, die am Ende sind, am Ende mit ihrem Latein, ihrem Wissen, ihrer Hoffnung, ihrem Leben, um denen eine Hoffnung zu geben, ein Weitermachen zu ermöglichen. Bei Gott ist kein Ding unmöglich! Bist du bei Gott? Gehörst du zu Gott? Hast du Gott dein Leben gegeben? Dann darfst du Großes von Gott erwarten.
Gott ist so groß, so gütig, und ihm sind die Probleme deines Lebens so wichtig, dass er Mensch geworden ist, um dir helfen zu können. Gott wurde in Jesus ein Mensch. Und diese Menschwerdung Gottes war ein geschichtliches Ereignis, keine zeitlose Idee. Jesus ist keine Idee, sondern ein Mensch. Und zu einem Menschen gehört auch eine Mutter. Natürlich ist auch mir nicht ganz unbekannt, dass üblicherweise zur Entstehung eines Menschen außer einer Mutter auch noch ein Vater gehört. Das ist eine Tatsache, die heutzutage bis in alle Details auch in aufgeklärten Kindergartenkreisen bekannt ist.
Aber um zu wissen, dass die Kinder nicht vom Klapperstorch gebracht, sondern vom Mann gemacht werden, braucht man nicht unbedingt erst im 21. Jahrhundert zu leben und die letzte Bravo gelesen zu haben. So schlau war nämlich die Maria, das ungebildete Dorfmädchen aus dem Nest Nazareth, auch schon.

Gott kann Fragen vertragen

Nachdem ihr der Engel eine lange Rede gehalten hat und ihr eröffnet, dass sie ein Kind bekommen wird, dass es ein Junge wird, dass sie ihn Jesus nennen soll, dass dieses Kind ein Sohn Gottes genannt werden wird, dass es auf den Thron des Königs David steigen wird und dass sein Königreich

ohne Ende sein soll – nach allen diesen unwahrscheinlichen Ankündigungen reagiert die Maria völlig normal.
Man müsste ja erwarten, dass die völlig geplättet ist, wenn ihr aus heiterem Himmel mitgeteilt wird: »Du wirst schwanger werden.« Man müsste erwarten, dass die völlig abhebt, wenn ihr gesagt wird: »Dein Junge wird was ganz Großes. Das wird eine Superkarriere! Der Junge wird König!« Aber darauf geht die gar nicht ein.
Wie so ein Bauernmädel vom Lande nun mal ist, ist die nüchtern, praktisch, geradezu. Und als ob sie mit ihrer Bauernschläue den Engel mit seiner großartigen Rede aufs Glatteis führen möchte, führt sie das ganze Problem auf den Boden der nüchternen Tatsachen zurück.
Das erste, was sie nach der Rede des Engels sagt, ist von einer geradezu umwerfenden Sachlichkeit. Das Einzige, was sie zu der grandiosen Eröffnung des Engels zu bemerken hat, ist die trockene Gegenfrage: »Wie soll das denn rein technisch vor sich gehen, da ich nichts von einem Manne weiß? Mann, ich bin Jungfrau!«
Die erste, die ihre Zweifel an der Jungfrauengeburt ausgesprochen hat, ist also die Jungfrau Maria selber. Die glaubte auch nicht mehr an den Klapperstorch, sondern war offensichtlich über die Rolle des Mannes bei der Kinderzeugung aufgeklärt. Sie hatte ja einen Mann, den Zimmermann Joseph. Aber sie hatte mit dem noch nicht geschlafen, weil sie mit dem noch nicht verheiratet war. Und damals war es nicht üblich, vor der Hochzeit schon zusammen ins Bett zu gehn. Deshalb erkundigt sich Maria ganz sachlich: »Wie soll denn das vor sich gehn, da ich mit keinem Mann ins Bett geh?«
Das ist zunächst alles, was die Maria zu bemerken hat. Der Engel ist über ihre kritische Haltung keineswegs schockiert. Der hätte ja entsetzt mit den Flügeln schlagen und sagen

können: »Das darf doch nicht wahr sein! Da kommt man hier als Chef der Engelbrigade zum Sondereinsatz in diese Klitsche von Nazareth, eröffnet diesem unbedarften Provinzmädchen, dass es die Mutter Gottes werden soll, und diese Göre hat weiter nichts dazu zu sagen, als ihre Zweifel am Verfahren anzumelden. Also sowas von Unglaube, die ist ja mit ihrer rationalistischen, kritischen Einstellung für den Job überhaupt nicht geeignet. Hier mach ich den Abflug.«

Nichts ist unmöglich – Gott weiß schon

Das macht der Engel aber nicht. Sondern er erklärt ihr geduldig die Sache, so weit man das eine Erklärung nennen kann: »Der heilige Geist wird über dich kommen, und die Kraft des Höchsten wird dich überschatten, deshalb wird auch das Heilige, das von dir geboren wird, Gottes Sohn genannt werden« (Vers 35). Und er beschließt seine Rede mit dem Satz: »Bei Gott ist kein Ding unmöglich.«
Von diesem Moment an gibt Maria Ruhe und gibt ihre Fragen auf. »Bei Gott ist kein Ding unmöglich.« Das glaubt sie. Das genügt ihr. Darauf lässt sie sich ein. Darauf verlässt sie sich. Damit gibt sie sich zufrieden. Sie erklärt sich bereit, den einzigartigen Auftrag, die Mutter Gottes zu werden, anzunehmen. »Maria aber sprach: Siehe, ich bin des Herrn Magd, mir geschehe, wie du gesagt hast« (Vers 38). Ich kann mir nicht vorstellen, dass sie sich in diesem Moment darüber im Klaren war, was das alles für Konsequenzen hatte.
Als unverheiratete Frau ein Kind zu bekommen, bedeutete erstens, dass ihr guter Ruf im Eimer war. »Hamse schon gehört? Die Mary kriegt ein Kind! Und wissense, von wem? Sie sagt, es ist nicht von ihrem Joseph, sondern vom Heiligen Geist!«

Zweitens riskierte sie, als Ehebrecherin behandelt zu werden.
Drittens lief sie Gefahr, ihren Verlobten zu verlieren. Und tatsächlich hat ja der Joseph auch geplant, seine Braut sitzen zu lassen. Ich meine, der Joseph war ja nun auch kein Depp. Der sah, wie seine Braut immer rundlicher wurde und ein Kind erwartete. Er war's nicht, und die sagt: »Das war der Heilige Geist.«
Also ich möchte mal den jungen Mann sehn, der sich mit so einer Erklärung zufrieden gibt. Und ich verstehe sehr gut, dass sich der Kumpel Joseph gesagt hat: »Das hältste doch in deinem Kopp nicht aus. Hier steigst du aus.« Und als er sich klammheimlich davonmachen will, muss Gott ihn extra auf seinen Platz zurückpfeifen.
Wie gesagt, das alles hat die Maria in dem Moment bestimmt nicht so genau übersehen. Jedenfalls sagt sie: »Siehe, ich bin des Herrn Magd, mir geschehe, wie du gesagt hast«, was bedeutet: »O.K., das geht seinen Gang.« Ich bin sogar überzeugt, dass Maria das Wunderbare, das mit ihr geschehen soll, nicht im entferntesten begreift – das ist ja sowieso nicht zu begreifen – , aber sie sagt gehorsam ihr Ja. Und in diesem Glaubensgehorsam liegt ihre vorbildliche Größe.
Wir ehren das einfache Dorfmädchen aus Nazareth, die heilige Jungfrau Maria, erstens, weil Gott sie in einzigartiger Weise begnadigt hat und sie die Mutter unseres Herrn Jesus Christus sein durfte.
Zweitens ehren wir sie, weil sie in vorbildlicher Weise Gott im Glauben gehorchte. Ich halte es für sinnvoll, wenn du dir Maria in diesem Punkt des Glaubensgehorsams zum Vorbild nimmst. Für sinnlos halte ich es, wenn du darüber debattierst, dass nach den allgemein bekannten Naturgesetzen eine Jungfrauengeburt nicht möglich ist, oder du jetzt Erwä-

gungen anstellst darüber, was Gott in seiner Allmacht alles sonst noch möglich gewesen wäre.
Darüber haben wir überhaupt nicht zu befinden, was bei Gott möglich oder unmöglich ist oder dass er das alles hätte ganz anders machen können. Sicher hätte er das auch anders machen können. Aber er hat es nun mal so gemacht, und so haben wir das zur Kenntnis zu nehmen. Gott fragt uns nicht nach unserer geschätzten Meinung über seine Möglichkeiten und Methoden, um unsere Rettung einzufädeln, genauso wenig wie er die Maria fragt, was sie denkt und ob sie das für möglich hält.
Als Maria allerdings ihre skeptische Gegenfrage stellt, da nimmt ihr Gott das nicht übel, sondern er nimmt sich Zeit und Geduld, auf ihren Einwand einzugehen. Gott ist kein Diktator, der keine Gegenmeinung duldet. Du brauchst vor Gott keine Angst zu haben, dass er einschnappt. Du brauchst deine Einwände und Zweifel nicht zu unterdrücken. Du brauchst nicht die Zähne zusammenzubeißen und den krampfhaften Versuch eines blinden Gehorsams zu machen. Gott will nicht deine zähneknirschende Kapitulation, sondern das freiwillige Ja deines Herzens.

Problematisch dogmatisch

Nun vermute ich, dass viele von euch in puncto Jungfrauengeburt immer noch kein volles Ja über die Lippen bringen und immer noch Hemmungen haben. Wenn dir die Lehre von der Jungfrauengeburt ein unverständliches Dogma ist (ein Dogma ist ein Glaubenssatz, ein Lehrsatz), mit dem du nichts anfangen kannst, dann fang jetzt nicht an, das einfach zu schlucken. Wenn du den Satz »geboren von der Jungfrau Maria« nicht mitsprechen kannst, weil dir das deine Vernunft verbietet, dann ist das zwar verkehrt, aber im-

mer noch besser als bloßes Nachreden oder blanke Heuchelei.
Dann quäle dich nicht mit der Jungfrauengeburt ab. Komm dir auch nicht schlechter vor als andere Christen, die hier keine Schwierigkeiten haben, sondern lass mal ruhig alles, was dir dogmatisch vorkommt, einfach beiseite. Lass die Dogmen und Lehren, die du nicht verstehst, dahingestellt, und halte dich an das, was du verstehst.
Niemals hat sich Jesus vor die Leute hingestellt und gesagt: »Aufgepasst, darf ich mich vorstellen: Erstens: Mein Vater ist Gott. Zweitens: Meine Mutter ist Jungfrau. Drittens: Das müsst ihr glauben.« Sondern Jesus ist den Menschen ganz anders begegnet: als Arzt, der den Kranken half, als spendabler Gast auf der Hochzeit, der die Fete bei einer Flaute mit Lebensfreude anheizte, als Freund, der Verzweifelten Mut zugesprochen hat.
Das war einer, der Worte über die Angst oder die Freiheit gesagt hat, die uns heute noch unter die Haut gehen, wie z.B.: »In der Welt habt ihr Angst, aber habt Mut, ich habe die Welt überwunden.« Das war einer, der sich buchstäblich totgeliebt hat, der bis zum Letzten in seiner Aufgabe aufging. Alle, die Jesus begegnet sind, sind nicht einer dogmatischen Formel begegnet, sondern einem Menschen. Und was ihnen als erstes an ihm auffiel, war nicht seine Göttlichkeit, sondern seine Menschlichkeit.

J wie Jeder

Als er kam, wurde er wie jedermann von einer Mutter geboren und lag wie jedermann als Kind in seinen Windeln.
Als Kind war er obdachlos und verfolgt und tauchte unter in Ägypten als politischer Asylant.

Als junger Mann hat er auf dem Bau gearbeitet. Er war Zimmermann wie sein Vater. Er wusste, was es heißt, sich mit seinen Händen sein Brot zu verdienen, eine Norm zu schaffen, einen Plan zu erfüllen.
Er hatte Freunde und Feinde, Hunger und Durst, wurde vom Teufel versucht wie jeder Mensch, wurde von einem seiner engsten Freunde verpfiffen, verlor Freiheit und Ehre, wurde misshandelt und durch einen Justizmord als Verbrecher gekreuzigt.
Als er als Dreißigjähriger unter die Leute kam, zog er als einfacher Wanderprediger mit einer Gruppe junger Männer durch die Gegend. Er war zu arm, seine Kirchensteuern zu bezahlen – das müsste doch ein Zug sein, der einigen von euch besonders vertraut und menschlich vorkommen dürfte. Und er hatte keinen festen Wohnsitz, kein festes Einkommen, kein Eigentum, nicht einmal ein eigenes Bett.
Als er ging, hat er vor dem Tod gezittert wie jeder andere auch. Da war nichts sichtbar von göttlicher Majestät, sondern da sah man nur die kalte Angst vor dem Sterben, die ihn Blut schwitzen ließ.
Mit einem Wort: Er war ein Mensch, dem nichts Menschliches fremd geblieben ist. Die Armut, der Hunger, die Feindschaft, die Versuchung, das körperliche Leiden, der Tod. Und alle, die ihm damals begegneten, waren sich nicht immer vom ersten Augenblick an sicher, ob er der Sohn Gottes war. Für die war er zunächst ein Mensch, weiter nichts. Und erst, als sie diesen Menschen näher kennen lernten, erkannten sie in ihm den Sohn Gottes. Erst wenn sie merkten, dass seine Menschlichkeit geradezu übermenschlich war, begriffen sie, dass Jesus nicht nur der Sohn einer Mutter war wie jeder von uns, sondern dass er der Sohn des Vaters im Himmel war.

Bleib mir mit Parolen gestohlen

Sowas erkennt man gewöhnlich nicht von heute auf morgen. Und bevor Petrus sagen konnte: »Du bist Christus, der Sohn Gottes«, da hat er mit Jesus viele Kahnfahrten machen und viele Fische fangen müssen. Da fließt allerhand Wasser die Chemnitz runter, bis hier einer in dem Menschen Jesus den Sohn Gottes erkennt.

Jesus ist zu Weihnachten als Mensch gekommen, weil er zunächst von dir als Mensch akzeptiert werden will. Du sagst vielleicht: »Ich weiß nicht, was ich von Jesus halten soll, aber einiges an ihm gefällt mir. Mir gefällt zum Beispiel, dass er nichts von Hass und Rache hält, gegen Gewalt und für Frieden ist. Mir gefällt auch, dass der sich nicht so großkotzig benimmt wie die Bosse dieser Welt, sondern dass er einfach und bescheiden ist.« Der sowjetische Dichter Jewtuschenko hat einmal gesagt, er wäre zwar kein Christ, aber einiges an Christus »gefalle« ihm.

Vielleicht lächelt Gott über so eine Harmlosigkeit. Aber Gott lächelt nie arrogant, sondern gütig, verstehend, einladend.

Nimm die Einladung an! Fang deine Beziehung zu Jesus an den Punkten an, wo dir an ihm was gefällt, wo du ihn verstehst, wo du dich ihm menschlich nahe fühlst!

Der Glaube an Jesus ist auch darin ganz menschlich, dass er etwas Wachsendes ist. Du kannst den Bau deines Glaubens nicht damit anfangen, dass du gleich das ganze perfekte Dogmengerüst besteigst. Dabei kann dir leicht schwindlig werden, und es ist noch nicht mal gesagt, dass du im Gerüst der Dogmen wirklich den Glauben findest. Es hat sich schon mancher im Gerüst der kirchlichen Dogmen hoffnungslos verstiegen und ist drin hängen geblieben, ohne Jesus wirklich zu Gesicht zu bekommen.

Fang lieber in dieser Weihnachtszeit ganz unten an, beim Allermenschlichsten. Und was ist menschlicher als die Geburt eines Kindes? Wenn ein Kind geboren ist, wenn es erst mal da ist, dann sind die anatomischen Vorgänge der Erzeugung und Geburt ziemlich belanglos. Da freut man sich einfach, weiter nichts.

Und gerade je mehr man sich mit dem Verstand über die anatomischen Vorgänge im Klaren ist, umso mehr staunt man dann über das Wunder des Kindes, das dabei herauskommt – und dieses Wunder bleibt unbegreiflich. Anatomie hin und Anatomie her – das Kind ist da! Nur das ist wichtig! Jungfrauengeburt hin und Jungfrauengeburt her – das Kind ist da, der Sohn Gottes ist da, dein Retter ist da!

Deine Schuld kann vergeben werden! Und selbst wenn du sagst: »Ich habe keine Schuld«, ändert das nichts daran, dass du vor Gott schuldig bist. Du schuldest ihm Ehre, Anerkennung, Glaube, Liebe und Gehorsam.

Selbst wenn du sagst: »Ich fühle mich nicht verloren«, ändert das nichts daran, dass du vor Gott verloren bist, dass du einen Retter brauchst. Du kannst ihn ja haben. Christ, der Retter, ist da.

Nur ein Päckchen, kein Paket –
freu dich trotzdem drauf.
Auf den Inhalt kommt es an.
Mach es einfach auf.

Gott schickt seine Weihnachtssendung,
größter Wert im Kleinformat.
Er ist ganz verrückt vor Liebe,
gibt das Beste, was er hat.

Jedem Menschen dieser Welt
gilt die Attraktion.
Gottes Gruß hat Hand und Fuß.
Er schenkt seinen Sohn.

In der Krippe mit dem Kind,
unscheinbar und klein,
fädelt Gott die Riesenchance
unserer Rettung ein.

(Theo Lehmann / Wolfgang Tost)

Wegen Überfüllung geschlossen

Lukas 2,4–7

In jedem anständigen Krippenspiel kommt eine Person vor, die in der Bibel gar nicht vorkommt. In Krippenspielerkreisen ist die Rolle dieser Person die begehrteste, weil sie die einzige ist, bei der man bisschen action machen kann. Alle anderen Rollen sind ja in dieser Hinsicht ziemlich lahm. Maria, meist sitzend, singt mit gedämpfter Stimme: »Joseph, lieber Joseph mein«. Joseph hat so gut wie nichts zu sagen. Engel ist bloß was für Mädchen mit Fistelstimme. Die Könige sind steife Exoten, die stocksteif dastehen, weil sie ständig befürchten, dass ihnen bei einer Bewegung die Krone vom Kopf fällt. Und die Hirten wirken immer bisschen betagt-betulich-bescheuert, wie so eine Mischung aus den Muppets und der Olsenbande. Die einzige Rolle, aus der man was machen kann, ist die vom Wirt. Wenn der aus den Kulissen rauskommt, kommt der meistens ganz groß raus, obwohl der, wie schon gesagt, in der Bibel gar nicht vorkommt.

Dort ist nur die Rede von einer Herberge, und die wird sicher sowas wie einen Wirt gehabt haben. Der hatte damals aber gerade die Bude voll. Deshalb hing er ein Schild raus: »Wegen Überfüllung geschlossen«.

Volles Haus – Jesus raus

Dem guten Mann ging's also nicht anders als uns. Denn wir sind ja alle randvoll angefüllt mit Problemen, die uns beherrschen. Zum Beispiel die Angst vor der Zukunft, weil wir in einer Welt leben, deren Wahnsinnsprobleme offenbar keiner mehr in den Griff bekommt. Die Sorge um den Arbeitsplatz und die Rente – behalten wir den, bekommen wir die? Die Sorge um die Gesundheit, weil wir in einer Welt leben, wo schon kleine Kinder Krebs und Aids haben. Der Schmerz über den Tod eines Menschen, den wir so geliebt haben und der uns so sehr fehlt, gerade heute, an diesem Abend. Die Ohnmacht über die Verhältnisse, die man nun mal nicht ändern kann. Die Sehnsucht nach den Dingen, die man nicht haben kann und so weiter.

Das sind die Zustände, die über uns herrschen, und deswegen haben wir für die Herrschaft Gottes nichts mehr frei. Und deshalb steht Jesus, wohin er auch kommt, immer wieder vor dem gleichen Schild: »Wegen Überfüllung geschlossen«. Das ist er gewöhnt von Anfang an. »Sie hatten keinen Raum in der Herberge« (Lk 2,7).

Er war noch nicht ganz da, da flog er schon vor die Tür, wurde ins Abseits gedrängelt, an den Rand gestellt, aufs Nebengleis geschoben.

Der einzige Platz, den es für ihn gab, war der Stall im Hinterhof, eine Notunterkunft im Nebengelass.

So ist das bis heute geblieben. Für Jesus ist kein Platz da. Weder auf dem Weihnachtsmarkt noch bei den vielen Weihnachtsfeiern ist er dabei. Das Weihnachtsgeschäft läuft ohne ihn, der Weihnachtsmann kommt ohne ihn, die Weihnachtsgans schmeckt ohne ihn – wir kommen überhaupt ohne ihn ganz gut aus. Und wenn er vor die Tür unseres Lebens tritt und rein will, hängen wir das gleiche Schild raus wie der Kollege Wirt von Bethlehem: »Wegen Überfüllung geschlossen«.

Aufgequollen vom Weihnachtsstollen

Wir Wohlstandsbürger müssten eigentlich schreiben: »Wegen Überfütterung geschlossen«. Wir haben keine Not. Wir haben alles, was wir brauchen. Wir brauchen keinen Nothelfer. Wir kommen ganz gut alleine zurecht.

Manchmal allerdings kommen auch wir in Not. Zum Beispiel, wenn wir krank sind oder irgendwas anders läuft, als wir dachten. Bei solchen Gelegenheiten, wenn uns die Muffe geht, räumen wir Jesus ganz gerne ein Plätzchen in unserem Leben ein. Wenn uns selber die Luft ausgeht, wenn wir einen Platten haben und auf den Felgen laufen, dann holen wir ihn raus wie so einen Reservereifen aus dem Kofferraum, dann rufen wir ihn herbei, dann fangen wir an zu beten.

Welche Rolle spielt das Gebet in deinem Leben? Ist das Gebet zu Jesus dein Lenkrad oder dein Reservereifen? Lädst du ihn nur ein, wenn's dir dreckig geht, nur in der Not?

Wenn du doch endlich begreifen würdest: Die größte Not deines Lebens ist, dass du Jesus nicht immer bei dir hast, dass er bei dir nicht genug Platz, keinen festen Wohnsitz hat. Hätte Jesus bei dir mehr Platz, hättest du weniger Probleme. Hättest du für ihn mehr übrig, würden sich viele deiner Sorgen erübrigen.

Millionen Menschen sitzen in diesen Weihnachtstagen in den Kirchen und hören, dass Gottes Sohn in die Welt gekommen ist. Und wie viele lassen ihn in ihr Leben kommen? Hast du ihn denn in dein Leben kommen lassen? Hast du ihn denn schon bei dir aufgenommen? Wie viel Platz, welchen Platz hat Jesus in deinem Leben?

Wir räumen ihm gern ein Plätzchen ein, ein Plätzchen am Rande, ein Weihnachtsplätzchen, dazu reicht's allemal. Dazu hat's damals in Bethlehem auch gereicht. Aber zu mehr eben nicht.

Aber Jesus will mehr.
Er will in unserem Leben nicht am Rande stehn, in der frommen Ecke – wie so ein Feuermelder, der unbeachtet in der Ecke hinter der Kellertüre hängt und nur benutzt wird, wenn's mal brennt. Nein, er möchte im ganzen Haus wohnen. In allen Räumen. In allen Winkeln. Er möchte überall dabei sein, bei allem, was sich im Haus deines Lebens abspielt.
Aber da spielt sich bei dir eben nichts ab. Du hast für ihn eine Krippe, aber kein Heim. Du gibst ihm ein bisschen, aber nicht alles. Dabei kommt alles darauf an, dass du ihm alles übergibst, ihn ganz in dein Leben reinlässt. Er soll nicht irgendeinen Platz, sondern den ersten Platz in deinem Leben bekommen, die ganze Herrschaft.
Damals, in Bethlehem, war kein Platz für Jesus. »Sie hatten keinen Raum in der Herberge.« Das soll sich in deinem Leben nicht wiederholen. Also: Lass ihn rein, überallhin in dein Leben!

Ouvertüre für 'ne offene Türe

Zum Beispiel: Lass ihn rein in dein Gedankenleben! Ich sage nicht, dass du als Christ nicht mehr zu denken brauchst. Im Gegenteil, die Bibel sagt ausdrücklich, dass du dein Denken gebrauchen sollst. Aber die Bibel sagt auch: »Alles menschliche Denken nehmen wir gefangen und unterstellen es dem Gehorsam Christi« (2Kor 10,5). Hast du schon mal deine Gedankenwelt gehorsam Jesus unterstellt?
Denke jetzt bitte mal einen Moment darüber nach, woran du am meisten denkst, wovon dein Denken am meisten beherrscht wird. Ist es beherrscht von bestimmten Wünschen? Wie komme ich am schnellsten zu Geld, zu einem neuen Auto, zu neuen Klamotten? Denkst du, was alle denken?

Was man dir erlaubt, vorschreibt? Denkst du nur an das andere Geschlecht, an das eigene Fortkommen? Wer beherrscht eigentlich deine Gedankenwelt?
Lass deine Gedanken von Jesus bestimmen! Am Tag und in der Nacht. Sag ihm: »Herr Jesus, auch über meine Gehirnzellen und Gedanken sollst du der Herr sein!« Und dann kommst du auf gute Gedanken. Und bevor du abends einschläfst, bitte ihn, dass er auch deine unbewussten Gedanken, dein Unterbewusstsein und deine Träume bewacht. Dann hast du einen guten Schlaf.
Lass ihn auch ein in dein Gefühlsleben! Sag ihm: »Herr, hier hast du alle meine Gefühle, meine Wut, meine Freude, meinen Neid, meine Liebe, meinen Hass, meine Unzufriedenheit, meine Sehnsucht, meine Launen. Nimm alle meine Gefühle hin! Nimm sie in deine Hand und gib bitte, dass ich von ihnen nicht mehr so abhängig bin!« Du wirst sehen, dass Jesus dann auch dein Gefühlsleben ordnet. Dann lernst du, deinen Hass zu beherrschen, deine Sehnsucht auszuhalten, deinen Neid zu unterdrücken. Dann klappt auch dein Gebetsleben besser, unabhängig davon, ob du gerade in einer frommen Stimmung bist oder nicht.
Auch deine Nerven sollen ihm gehören. Immer mehr Menschen sind mit den Nerven runter, gerade jetzt vor den Feiertagen. So wie der gestresste Geschäftsmann, der sich an den Frühstückstisch setzt, seinem Frühstücksei einen Kuss gibt und seiner Frau mit dem Eierlöffel auf den Kopf trommelt.
Wenn du mit deinen Nerven Probleme hast, dann sag's ihm doch: »Herr, ich bin so nervös. Komm doch bitte in mein angespanntes Nervensystem.« Dann wird er auch da eintreten und zu deinen Nerven sagen: »Friede sei mit euch. Meinen Frieden gebe ich euch.« Und du wirst sehen, wie auch deine Nerven vom Frieden Gottes erfasst werden.

Dasselbe gilt auch für deinen gesamten Körper: Deine Hände, deine Füße, Augen und Ohren, sämtliche Sinne gehören Jesus. Lass ihn bestimmen, wo du mit Hand anlegst und mitmachst, wo du hingehst, welche Filme du dir ansiehst, welche Musik du anhörst. Stelle einen Bereich deines Lebens nach dem anderen Jesus ganz bewusst und ganz zur Verfügung, bis du ganz sein Eigentum bist und er ganz dein Herr ist.

Boss oder Amboss

Es ist ein großer Unterschied, ob jemand als Eigentümer ein Haus besitzt oder ob er auch darin wohnt. Dein Leben ist das Eigentum von Jesus. Das ist klar. Ob er auch in deinem Leben wohnt, das ist die Frage, um die es zu Weihnachten geht. Zu Weihnachten geht es um die Machtfrage: Wer ist bei dir der Herr im Hause?

Das Johannesevangelium erzählt die Weihnachtsgeschichte so: »Er kam in sein Eigentum, aber die Seinen nahmen ihn nicht auf. Wie viele ihn aber aufnahmen, denen gab er Macht, Gottes Kinder zu werden« (Joh 1,11–12). Ein Kind Gottes zu sein, hat also etwas mit Machtausübung zu tun. Gottes Kinder sind keine schlaffen Weicheier. Sondern wer Jesus aufnimmt, bekommt von ihm Macht und kann mit dem Apostel Paulus sagen: »Ich kann alles durch den, der mich mächtig macht, Christus« (Phil 4,13).

Wenn du von dir sagst »Ich bin nun mal schwach. Ich kann mich eben nicht beherrschen. Ich muss einfach mitmachen«, dann ist das ein Zeichen dafür, dass du Jesus noch nicht völlig aufgenommen hast. Jesus ist Mensch geworden und hat auf unserer Erde gelebt, damit wir unser Leben auf dieser Erde mit ihm leben können in der herrlichen Freiheit der Kinder Gottes. Nicht als ohnmächtige, miese Schwächlinge, die ständig mit ihrer alten Natur rumkrebsen und jammern: »Ich kann nun mal nicht anders.« Mensch, bilde dir doch keine Schwachheiten ein, sondern lass Jesus in dein Leben rein!

Kurieren geht über studieren

Die gute Nachricht von Weihnachten heißt: »Mensch, du wirst von mir ganz und gar erneuert. Ich gebe dir die Macht, aus einem Nervenbündel, einem Feigling, einem Säufer, einem charakterschwachen, schlaffen Wohlstandsbürger ein Kind Gottes zu werden. Dann kannst du anders und neu in dieser Welt leben.« Das ist Gottes Weihnachtsangebot. Und du brauchst es nur anzunehmen, brauchst Jesus nur aufzunehmen. »Die ihn aufnahmen, denen gab er Macht, Gottes Kinder zu werden, die an seinen Namen glauben.«

Glauben heißt nicht, etwas für wahr halten. Zum Beispiel für wahr halten, dass Jesus in Bethlehem geboren wurde. Heute reden uns viele Theologen zwar unermüdlich ein, die Weihnachtsgeschichte von Lukas wäre eine Legende.

Ich will stark hoffen, dass keiner von euch dieses Gerede ernst nimmt. Sondern ich hoffe, dass ihr Gottes Wort ernst nehmt, wie es dasteht: »Da machte sich auf auch Joseph aus Galiläa, aus der Stadt Nazareth, in das jüdische Land zur Stadt Davids, die da heißt Bethlehem« (Lk 2,4).

Aber selbst wenn du glaubst, dass Jesus in Bethlehem geboren worden ist, ist das noch lange kein Glaube, der dich rettet. In der Bibel steht von den Teufeln: »Sie glauben auch und zittern« (Jak 2,19). Auch die Teufel wissen, dass Jesus in Bethlehem geboren wurde und in Jerusalem am Kreuz starb. Auch sie wissen, dass Jesus auferstanden ist und wiederkommt. Weil sie das alles wissen, zittern sie sogar, aber das rettet sie nicht.

Glauben heißt: Jesus gehorchen, ihm vertrauen, sich ihm anvertrauen.
Wenn du krank im Bett liegst, rufst du den Arzt. Wenn der anordnet: »Kalte Umschläge«, machst du kalte Umschläge. Wenn der anordnet: »Heiße Umschläge«, machst du heiße Umschläge. Jedenfalls wird das gemacht, was der Arzt sagt. Und du vertraust dich ihm völlig an. Mein heißer Tip für dich: Vertrau dich genauso dem großen Arzt Jesus an, der dein Leben heil machen will. Deshalb nennt man ihn auch den »Heilmacher«, den Heiland.
Wir alle sind krank. Vielleicht nicht am Leib, aber auf alle Fälle an der Seele. Die Bibel nennt unsere Krankheit »Sünde«. Die ist tödlich, wenn keine Rettung kommt. Die Botschaft von Weihnachten heißt: »Christ, der Retter, ist da!«
Ein gerettetes Gotteskind bist du nicht schon automatisch dadurch, weil du am Leben oder Mitglied der Kirche bist. In der Kirche sitzen viele, die Jesus nicht angenommen haben als ihren Retter.

Es fällt mir wie Hühnerschuppen von den Augen

So wie viele in ihrem Auto sitzen und einen Rettungsgurt haben, ihn aber nicht angelegt haben. Der Rettungsgurt ist da. Die Frage ist nur, ob du dich dafür entscheidest, ihn anzulegen, ihn in Anspruch zu nehmen. Ein Mensch, der im Hühnerschuppen geboren ist, ist deswegen noch lange kein Huhn und auch kein Schuppentier.
Ein Mensch, der in der Kirche sitzt, ist deswegen noch lange kein Kind Gottes. Sondern das bist du, wenn du Jesus in dein Leben aufnimmst, wenn du eine Entscheidung für ihn triffst.

Die Entscheidung des Wirts von Bethlehem hieß: »Besetzt«. Im Krippenspiel ist der Mann eine beliebte Rolle. In Wirklichkeit ist er ein bedauernswerter Typ. Der hat auf die falschen Leute gesetzt! Der hat die falschen Herrschaften bei sich aufgenommen. Diesen Fehler solltest du nicht wiederholen. Deshalb: Nimm Jesus auf! Bete jetzt zu ihm wie ein Kind: »Jesus, komm, ich nehm dich auf in mein Leben. Sei mein Herr und mein Heiland!« Amen.

Gott ist nicht zu erkennen an Macht und Herrlichkeit.
Erkennungszeichen Gottes ist seine Menschlichkeit.
Denn Gott kommt in der Windel und liegt als Menschenbündel auf einer Hand voll Stroh im Stall.

Vom Jenseits zum Diesseits, von drüben nach hier
ist Gott umgezogen ins Armenquartier.
Arbeitskleidung statt Talare,
Kuhgebrumme statt Fanfare.
Und statt Fahnen und Standarten
flattern Windeln jetzt im Garten.

Als wehrloser Säugling von Feinden umstellt,
so zeigt sich den Menschen der Herr dieser Welt.
Engelschöre statt Trompeten,
Eselsohren statt Raketen,
statt dass Düsenjäger starten,
flattern Tauben jetzt im Garten.

(Theo Lehmann)

Die Blaulichtaktion Gottes

Titus 2,11

Ein Schotte war zu geizig, für seine Familie Weihnachtsgeschenke einzukaufen. Am Heiligen Abend sitzen Frau und Kinder erwartungsvoll da und freuen sich auf die Bescherung. Da geht der Schotte mal kurz vor's Haus, feuert mit einer Kinderpistole einen Schuss ab, kommt wieder rein und fragt: »Habt ihr eben den Schuss gehört? Ich muss euch was ganz Trauriges sagen: Eben hat sich draußen der Weihnachtsmann erschossen. Da muss die Bescherung leider ausfallen.«

Aber nicht nur Schotten haben solche Tricks drauf. Ein deutsches Ehepaar geht mit den Kindern am ersten Feiertag die Oma besuchen. Natürlich müssen sie ein Geschenk mitnehmen. Beim letzten Einkauf im Tchibo-Laden hatte man ihnen als Werbegeschenk ein so genanntes »Gewürz-Set« angedreht, eine Scheußlichkeit aus grüner Plaste, wo die Löcher fürs Salz zu groß und für den Pfeffer zu klein waren, also genau das richtige Geschenk für eine siebzigjährige Dame, die in ihrem Schrank mindestens zehn Salzstreuer aus Holz, Glas, Silber und Porzellan hat. Die Oma bedankt sich: »Nein, sowas Niedliches! Und so praktisch!« Dazu die Kinder im Chor: »Und so billig!«

Köstliche Küsschen statt Pulsnitzer Pappe

Ich finde ja nicht nur interessant, was sich die Leute so zu Weihnachten schenken, sondern vor allem, was die so zu Weihnachten machen. Zum Beispiel hab ich mal einen Freund gefragt: »Was macht ihr denn eigentlich zu Weihnachten?« Da hat er gesagt: »Wir gehen in uns und fressen.« Ist das nicht eine herrliche, ehrliche Antwort? Na, ist doch wahr! Zu einem richtigen Weihnachten gehört beides: Ruhe und Besinnlichkeit und was Gutes zu essen. Na, gebt's doch zu: Ihr habt zu Hause doch alle unterm Weihnachtsbaum so einen herrlichen Teller stehen, den wir Sachsen in schöner Offenheit schlicht und ehrlich »Fressteller« nennen. Und was da neuerdings alles drauf ist! Keine Pulsnitzer Pfefferkuchen, hart wie Dachziegel, wo man schon beim Hingucken Zahnschmerzen kriegt. Keine Delitzscher Süßtafeln, wo die Kinder schon beim Auspacken das Kotzen kriegen. Nein, jetzt gibt's After Eight, Überraschungseier und Ferrero Küsschen.

Und selbst, wenn wir keine Ferrero Küsschen hätten – wir haben die Freiheit! Millionen Menschen können Weihnachten nicht in Freiheit feiern. Allein in China sind 10 Millionen Menschen in zirka 1000 KZ-Arbeitslagern eingepfercht, darunter viele Christen. Hunderttausende Christen werden wegen ihres Glaubens an Christus verfolgt, gefoltert und getötet, besonders in kommunistisch und islamisch regierten Ländern.

Aber wir sind frei! Das sollten wir bei allen Problemen, die wir jetzt am Halse haben, nicht vergessen. Neulich hat mal jemand gesagt: »Jedes Volk dieser Erde würde liebend gern seine Probleme mit denen der Deutschen tauschen.« Ich will damit die Probleme der Deutschen nicht runterspielen. Ich will nur sagen: Wir sollen uns mit ihnen nicht so aufspielen. Jedenfalls sollten wir bei allen Problemen, die uns die Freiheit gebracht hat, nicht vergessen, Gott jeden Tag für die Freiheit zu danken. Die ist nämlich auch ein Geschenk Gottes.

Gott fällt aus allen Wolken

Wisst ihr eigentlich, wie die ganze Weihnachtsschenkerei angefangen hat? Warum wir uns einen Fressteller schenken und in uns gehen? Weil Gott zu Weihnachten aus sich heraus gegangen ist und uns seinen Sohn geschenkt hat. Also nicht das Billigste, sondern das Teuerste, was er hatte.
Weihnachten möchte keiner gern allein sein, weder die Kranken in ihren Zimmern noch die jungen Leute in ihrer Verliebtheit. Und die vielen, die das erste Weihnachten als Witwer oder Witwe in ihrer Bude hocken müssen und die bloß noch ein leerer Sessel anstarrt – die denken besonders an die, die sie lieb haben. Gott auch.
Weihnachten rücken alle möglichst nahe zusammen, und jeder sehnt sich nach Gesellschaft. Gott auch.
Stell dir mal vor: Gott sehnt sich nach dir. Gott sehnt sich nach deiner Gesellschaft! Ganz egal, welcher Gesellschaftsschicht du angehörst. Ob du Manta-Fahrer bist mit ner Puppe zum Knutschen oder Mopedfahrer, ob du Mannequin bist oder Reinigungskraft, ob du der große Boss hinterm Schreibtisch bist oder das kleine Stasi-Schwein hinter Schloss und Riegel – mit uns allen möchte Gott zusammenrücken. Uns allen möchte er auf die Bude rücken. Mit uns allen möchte er Bruderschaft schließen. Gott, der Chef des Universums, bietet dir heute das Du an. Kannst du dir das vorstellen? Nein? Siehste, eben deshalb ist ja Gott gleich mal selber gekommen.
Der Höchste hat sich persönlich vorgestellt, damit wir nicht auf unsere Vorstellungen angewiesen sind über einen Gott, der keine Person ist, sondern ein Prinzip, eine höhere Macht, ein Urgrund des Seins oder was es da noch alles für religiös-philosophische Blasen gibt. Damit mal Schluss ist mit der Vorstellung über einen Gott hinter den Wolken, der

bloß von ferne zuguckt, wie wir hier rumkrebsen, den es nicht von ferne juckt, was wir hier leiden müssen, der hoch über allem schwebt und zu uns sagt: »Nu seht mal zu, wie ihr da unten mit euren Problemen zurechtkommt.«
Auf so einen unlieben Gott können wir gut und gerne verzichten, weil der uns sowieso nichts bringt. Ein Gott, der uns nichts nützt, der nützt uns nichts.
Was brauchst du, wenn du rausgeflogen bist aus deiner Arbeitsstelle, aus der bürgerlichen Karriere, aus dem Karussell der naiv Vergnügten? Was brauchst du, wenn dir die Decke auf den Kopf fällt und du nicht weißt, wie du den Heiligen Abend über die Runden bringen sollst? Was brauchst du, wenn dir einfällt, was du im letzten Jahr alles falsch gemacht hast, wenn auch das großzügigste Geschenk deine Schuld nicht zudecken kann?
Dann brauchst du keinen Gott, der wer weiß wie weit weg auf der Wolke Nr. 27859 wohnt. Dann brauchst du einen, bei dem du klingeln kannst. Mit dem du reden kannst. Mit dem du rechnen kannst. Dann brauchst du einen, der mit dir mitleidet. Der sich nicht vor dir versteckt, sondern sich mit dir versteht. Einen, der sich ansprechen und nicht bloß von paar religiös überdurchschnittlich Begabten sehen lässt.

Der Futtertrog trog

Weihnachten heißt: Gott lässt sich sehen. Und zwar von allen. So steht es in der Bibel: »Es ist erschienen die rettende Gnade Gottes allen Menschen« (Tit 2,11). Gott ist erschienen in unserer Welt. Hat sich gezeigt auf der platten Erde. Hat sich sehen lassen, mitten unter uns. Hat gesagt: »Bitte, da habt ihr mich. Ich stehe zu eurer Verfügung.«
Und damit keiner vor ihm Angst haben muss, deshalb fängt er ganz klein an, ganz von vorn. Er kommt als Kind. Wird

geboren wie du und ich. Nur mit dem Unterschied, dass er es nicht so gut hatte wie du und ich.
Er wurde nicht im Kreißsaal einer Klinik geboren, sondern im Kuhstall im Kreis von Tieren. Er lag als Baby nicht im Bett, sondern im Futtertrog. Er kam arm und er blieb arm. Er besaß sein Leben lang nichts außer seinen Klamotten.
Er wurde geboren in einer geborgten Futterkrippe.
Er predigte in einem geborgten Boot.
Er ritt in Jerusalem ein auf einem geborgten Esel.
Er hielt sein letztes Abendmahl in einem geborgten Saal.
Er wurde begraben in einem geborgten Grab.
Vom Anfang bis zum Ende Scherereien. Kurz nach der Geburt musste er als politisch Verfolgter ins Asyl nach Ägypten. Würden Joseph und Maria mit dem Jesuskind heute in Deutschland einen Antrag auf Asyl stellen, hätten die keine Chance und flögen in hohem Bogen wieder raus. Keine Ausländerbehörde würde einen Antrag genehmigen, wo drauf steht: »Hiermit beantragen wir politisches Asyl, weil unser zwei Monate alter Sohn politisch verfolgt wird. Dieser Säugling ist nämlich der Sohn Gottes und soll deshalb von unserem König Herodes getötet werden. Aus diesem Grunde hat uns ein Engel im Traum gesagt, wir sollen nach Ägypten fliehen und dort einen Asylantrag stellen, was hiermit geschieht.«
Wenn Joseph das in seinen Antrag reingeschrieben hätte, hätte der günstigstenfalls einen Platz im Irrenhaus, aber niemals im Asylheim bekommen. Aber zum Glück hatten die Ägypter noch keinen Asylparagraphen, und so konnte Joseph mit seiner Familie bleiben.
Später ging er als Gastarbeiter nach Galiläa, und dort ist Jesus als Junge aufgewachsen. Er hat seine Lehre gemacht als Baufacharbeiter. Er spürte Hunger und Hass, Verehrung und Verfolgung, hatte Freunde und Feinde, Freude und

Frust – also das, was wir alle auch haben oder kennen.
Mit einem Wort: Er lebte unser Leben. Damit keiner sagen kann, Gott könnte uns ja sowieso nicht verstehen, kommt er als Mensch wie du und ich.

Ein Flakon kennt kein Pardon

Und wenn du ein Problem hast, kannst du dich einfach an ihn wenden. Als ein kleiner Junge sich in den Finger geschnitten hatte, sagte seine Mutter zu ihm: »Gott wird dich trösten.« Heulend fragt der Junge: »Muss ich da zu ihm hoch, oder kommt er runter?« Er ist runtergekommen! Das feiern wir zu Weihnachten: dass Gott Mensch geworden ist. »Es ist erschienen die rettende *Gnade* Gottes allen Menschen.«
Gnade heißt: Es handelt sich um ein Geschenk. Wenn wir schenken, richtet sich das danach, was uns der andere wert ist. Die Frau oder Freundin bekommt eine Flasche Chanel Nr. 5. Die Frau Mama ’ne Flasche Livio-Öl. Die Oma eine Flasche Klosterfrau-Melissengeist. Die kleine Schwester ein Fläschchen mit Liebesperlchen, und die Frau Nachbarin kriegt gar nichts, weil die sowieso eine alte Flasche ist.
Das ist alles genau abgestuft. Wer lieb war, kriegt was. Von wem wir nichts haben, der hat von uns auch nichts zu erwarten.
Bei Gott ist das anders. Der beschenkt alle. Der fragt nicht, wie bei uns der Weihnachtsmann, ob wir brav waren oder unartig. Der fragt nicht, wie wir, ob ihm einer was nützt oder nicht. Sondern der gibt jedem das gleiche Geschenk, weil er jeden gleich liebt. Er gibt das schönste Geschenk, das es gibt. Er gibt das Beste, was er hat. Er gibt sich selber: Gott wird Mensch. Das feiern wir zu Weihnachten: dass Gott Mensch geworden ist.

Weltwechsel

Und das ist kein Märchen aus der guten alten Zeit, sondern eine Tatsache, die für alle Zeiten gut ist. Zu Weihnachten geht es um zwei Tatsachen. Wie es in dem alten Weihnachtslied heißt:
»Welt ging verloren.
Christ ist geboren.«
Tatsache Nummer 1: »Welt ging verloren.« Muss ich darüber noch viele Worte verlieren? Dass die Welt kaputt ist, weiß doch jeder. Kaum hatten wir gedacht, wir segeln mal in ruhigere Zeiten, da sind wir ins Loch der Arbeitslosigkeit geflogen. Mitten in Europa gibt es Krieg. Völker zerfleischen sich, Weltreiche brechen zusammen. Ausländerjagd wird Freizeitbeschäftigung für Dreizehnjährige. Millionen sterben an Aids, Krebs, an den Folgen des Hungers. Die Probleme sind unvorstellbar, unerträglich und unlösbar.
Ja, so ist es. Und warum ist es so? Weil die Menschen denken, sie könnten ohne Gott auskommen, sie könnten ohne seine Gebote leben, sie könnten selber bestimmen, wo's langgeht.
Das geht nun schon so seit Adam und Eva, den ersten beiden Menschen. Die haben mit dem Experiment angefangen, das Gebot Gottes zu übertreten. Und das hat sich bis in unser Leben fortgesetzt – bis in dein Leben, bis in die verfluchte Stunde, wo dich der Teufel geritten hat und du gedacht hast: »Ach was, pfeif auf die Gebote. Ich mach das jetzt, wie ich will.«
Und dann hast du gemacht, was du wolltest. Aber du hast nicht erreicht, was du wolltest. Klar – den Geldbetrag, den Geschlechtsverkehr, den Geschäftsvorteil – den hast du erreicht. Aber du bist dabei nicht froh geworden. Und das war doch das eigentliche Ziel.

Ohne Gott wirst du nie froh werden. Mit der Einstellung: »Ich brauche keinen Gott« hast du dein Glück schon verloren. Da bist du verloren. Diese Einstellung: »Ich brauche keinen Gott«, das ist das, was die Bibel Sünde nennt. Durch die Sünde machst du dich kaputt. Ohne Gott kommst du ins Schleudern. Die Welt ist ins Taumeln geraten. Die Welt hat den Kontakt mit Gott verloren.

Das ist die Tatsache Nummer 1: »Welt ging verloren.«

Und jetzt kommt die Tatsache Nummer 2: »Christ ist geboren.« Leute, das ist der absolute Hit! Das ist die größte Sensation der Weltgeschichte! Das ist das Wunder aller Wunder: Gott klinkt sich nicht aus, sondern hängt sich bei uns rein. Es ist ihm nicht egal, was aus der Welt wird. Er zieht sich nicht in einen himmlischen Schmollwinkel zurück. Er sagt nicht, wie der letzte sächsische König bei seiner Absetzung: »Da macht doch euren Dreck alleene.«

Sondern er, der König der Welt, kommt im Dreck eines Kuhstalls zur Welt. Er kommt in der Gestalt eines Menschen zu uns, um eigenhändig den Dreck unseres Lebens wegzuräumen. Weil wir das alleine eben nicht können. Weil wir das selber eben nicht schaffen. Du kannst deine Sünde nicht selber aus der Welt schaffen. Aber Jesus schafft das!

Als er am Kreuz starb, an deiner Stelle, für deine Sünden, da hat er als Letztes gesagt: »Es ist geschafft.«

Keiner steckt so tief im Dreck der Sünde, dass Jesus ihn nicht wieder sauber machen könnte. Kein Menschenleben ist so kaputt, dass es Jesus nicht wieder ganz machen, heilen könnte.

Ganz – gewiss

Jesus, der Heiland, der Heilmacher, ist Gottes großes Geschenk an uns, die großen Kaputtmacher. Egal, wie kaputt du dich fühlst, wie kaputt dich andere gemacht haben, wie kaputt du andere gemacht hast, wie kaputt du dich selber gemacht hast – du hast einen Heilmacher! »Es ist erschienen die rettende Gnade Gottes *allen Menschen.*« Allen! Also auch dir! Egal, wer du bist, woher du bist, was du gemacht hast und wie du lebst – du hast einen Heilmacher! Jedenfalls bietet ihn dir Gott heute als Geschenk an.

Die Frage ist: Bist du bereit, das Geschenk anzunehmen? Ich kann dich jetzt nur bitten: Nimm Jesus an als den Herrn und Heiland deines Lebens! Damit es in deinem Leben wieder gut wird.

Es ist doch genug, was du im letzten Jahr wieder alles falsch gemacht und an Schuld auf dich geladen hast. Es reicht doch. Es reicht zur ewigen Verdammnis. Willst du etwa mit dieser Last in den Heiligen Abend gehen? Oder etwas ins nächste Jahr? Oder etwa gar in deine Sterbestunde?

Du bist hierher gekommen, in das Haus Gottes. Egal, warum du gekommen bist – aus Tradition oder Neugier, als Christ oder Nichtchrist – na, wenn du schon mal hier bist, dann lass dich beschenken! Du, Gott hat dich lieb! Er will, dass dein Leben gelingt. Er will in dein Leben!

Deshalb bitte ich dich: Bete jetzt einfach in deinem Herzen wie ein Kind: »Jesus, komm in mein Leben! Vergib mir! Sei der Herr meines Lebens!« Und wenn du noch nie gebetet hast und nicht weißt, wie du das machen sollst und was du sagen sollst, dann sag einfach: »Jesus«. Nur: »Jesus«. Und da packst du alles rein, was du auf dem Herzen hast. In der Bibel steht: »Wer nur den Namen des Herrn anrufen wird, soll gerettet werden« (Röm 10,13). Wenn du heute dein Herz an Jesus verlierst, dann hast du gewonnen.

Schrille Nacht – herrliche Nacht

Vor ein paar Jahren waren Wolfgang und ich in der Woche vor Weihnachten in Berlin. Gegen 17 Uhr fuhren wir raus zur Autobahn. Da überholte uns ein Motorrad mit Blaulicht und Sirene. Kurz danach kam das nächste, dann Polizeiautos, Krankenwagen, einer nach dem andern, Feuerwehr, Einsatzwagen, immer mehr. Wir mussten an den Rand der Straße fahren, anhalten, die Rettungswagen vorbeilassen. Wir haben nicht gezählt, wie viel Polizeifahrzeuge und Krankenwagen an uns vorbeirasten. Wir hatten keine Ahnung, was da auf der Strecke vor uns passiert war. Aber wir wussten, dass da etwas ganz besonders Schlimmes passiert sein musste. Aus der riesenhaften Rettungsaktion konnten wir erkennen, dass es sich um einen besonders schweren Unfall handeln musste. Und so war es auch. Wir haben erst viel später in der Nacht erfahren, dass beim Flughafen Schönefeld ein Flugzeug abgestürzt war.

Und falls du im Moment nicht weißt, worin deine Schuld vor Gott besteht und wieso du verloren bist – aus der riesenhaften Rettungsaktion Gottes kannst du erkennen, wie schlimm es um dich steht. Um dich zu retten, musste Gott, der Schöpfer der Welt, ein Kind werden. Musste Gott, der Herr der Welt, ein Mensch werden. Musste Gott, der Erlöser der Welt, gekreuzigt werden. An der Größe dieser Rettungsaktion kannst du die Größe deiner Schuld und die Größe von Gottes Liebe ermessen. »Sosehr hat Gott die Welt geliebt, dass er seinen einzigartigen Sohn gab, damit alle, die an ihn glauben, nicht verloren werden, sondern das ewige Leben haben« (Joh 3,16).

Mensch, du bist von Gott geliebt. Gott hat zu deiner Rettung alles eingesetzt, was er hatte: Jesus, seinen einzigen Sohn. Verstehst du: Weihnachten ist keine harmlose Lebkuchenparty. Da geht’s um Lebensrettung. Jesus ist die Blaulichtaktion Gottes für eine verunglückte Welt.

Ärmer als arm, gefeiert, gehasst,
das Leben gelebt bist zum Tod.
Einfach und schlicht, verehrt und verschrien,
so zeigt sich der liebende Gott.

In einer geborgten Krippe,
da kam der Sohn Gottes zur Welt.
Aus einem geborgten Boot
hat er vom Reich Gottes erzählt.

Auf einem geborgten Esel
ritt er in Jerusalem ein.
In einem geborgten Festsaal
lud Jesus zum Abendmahl ein.

In einem geborgten Steingrab,
da lag er, von Wächtern umstellt.
Der Tote ist auferstanden.
Er lebt. Ihm gehört jetzt die Welt.

(Theo Lehmann / Wolfgang Tost)

Harte Liebe

Johannes 3,16

Papi, Mami und Susi sitzen am ersten Weihnachtsfeiertag beim Frühstück. Aus Versehen stößt Susi an ihre Tasse und sagt vor Schreck laut und deutlich: »Scheiße«. Die Eltern sind schockiert. Noch nie haben sie das hässliche Wort in Gegenwart des Kindes ausgesprochen.
Der Vater sagt also streng zu Susi: »Von wem hast du denn das gelernt?«
Susi: »Vom Christkind«.
»Was? Von wem? Wieso?«
»Als das Christkind gestern abend in mein Zimmer kam und die Geschenke hingelegt hat, war es in meinem Zimmer ganz dunkel. Da hat sich das Christkind am Stuhl gestoßen, und da hat es ganz laut Scheiße gesagt.«
Wenn ich euch hier einen Witz erzähle, dann natürlich deswegen, damit's was zu lachen gibt. Aber wenn ihr über die Witze nachdenkt, werdet ihr merken, dass die, jedenfalls die meisten, ziemlich hintergründig sind und eine tiefe Bedeutung haben.

Weihnachtsfest als Härtetest

Zum Beispiel steckt in dem Witz, den ich eben erzählt habe, eine tiefe Wahrheit, nämlich: Christkindsein ist eine harte Sache.
Denn dort, wo das Christkind zum ersten Mal hinkam, war es nicht nur dunkel, sondern auch kalt, ungemütlich und vor allem hart. Die Futterraufe, in die das Kind gelegt wurde, war keine gepolsterte Hollywoodschaukel, sondern ein har-

tes Ding aus Holz oder Stein, woraus das Vieh frisst, eine Futterkrippe eben. Jesus hat's nicht gut gehabt, als er in unser Leben gekommen ist. Für den war's hart, von der Krippe bis zum Kreuz, von der Geburt bis zum Tod.
Aber wir haben's gut, wenn wir ihn in unser Leben reinlassen. Wir haben dann zwar auch kein Leben ohne Härten. Aber wir haben einen, der uns hilft, mit den Härten des Lebens fertig zu werden, bis zur letzten Härte, dem Tod. Und er bringt uns durch den Tod ins ewige Leben.
Ich bitte dich: Lass Jesus in dein Leben reinkommen! Denn Weihnachten wird es bei dir nicht dadurch, dass du deine Engelbrigade in Reih und Glied auf dem Fernseher aufbaust, die elektrische Christbaumbeleuchtung einschaltest und den ganzen Weihnachtskrempel vom Boden in deine Bude reinholst. Sondern Weihnachten wird es, wenn du Jesus in dein Leben reinlässt.
Bei uns zu Hause in der Küche hängt ein Abreißkalender. Kein frommer, sondern so einer, wo hinten Kochrezepte und Aussprüche großer Männer drauf sind. Da hab ich mal in der Weihnachtszeit ein Gedicht von Johannes R. Becher gefunden. Das geht so:

»Sei uns gegrüßt, du Weihnachtsfest!
Wir feiern dich in Ost und West.
Die Äste sich verzweigen.
Und über Deutschland hoch im Raum
wölbt sich der Völker Friedensbaum
und glänzt im Sternenreigen.«

Jetzt versuche ich nun schon die ganze Zeit, mir vorzustellen, was das für ein Apparat ist – ein Friedensbaum der Völker, der sich hoch im Raum über Deutschland wölbt. Könnt ihr euch das vorstellen? Also ich nicht. Schaffe ich einfach nicht.

O, wie hohl ist mir am Abend

Mal abgesehen davon, dass dieses Gedicht übelster Kitsch ist, hab ich immerhin eins aus dem Machwerk gelernt: Wer von Weihnachten redet, muss auch von Gott reden. Sonst redet er am Thema vorbei. Wer Gott, also die Hauptsache, weglässt, ist wie einer, der dir was zu trinken anbietet, indem er dir einen leeren Becher hinhält. Du versuchst, dem Becher auf den Grund zu kommen, aber es kommt nichts dabei raus. Und du fragst dich: Was soll denn das? Was soll ich mit einem leeren Becher, wenn's um meinen Durst geht? Freilich, wer zu Weihnachten Gott weglässt, dem bleibt nichts anderes übrig, als kitschige Phrasen abzulassen und sich in das Geäst von Bäumen zu flüchten, die sich hoch im Raum wölben. Aber für wen Weihnachten und Gott zusammengehören, der hat solche abstrakten Höhenflüge nicht nötig. Denn der springende Punkt an Weihnachten ist doch: Der Ort der Handlung wird aus der Höhe auf die platte Erde verlegt – aus dem Raum Gottes in den Raum des Menschen. Wer jetzt wieder anfängt, hoch in den Raum zu entschweben, der versucht, das Rad der Geschichte rückwärts zu drehen.

Seit Gott seinen Fuß auf unsere Erde gesetzt hat, in Bethlehem, wo er keinen Raum in der Herberge hatte, können wir uns nicht mehr in abstrakte Räume flüchten. Sondern da müssen wir uns mit der konkreten Erde befassen. Denn zu Weihnachten ist Gott konkret geworden:

Er wurde ein Mensch, den man wiegen und messen, lieben und hassen, an ein Kreuz nageln und in ein Grab legen konnte.

Dieser Mensch hieß Jesus. Das ist der Mann, dessen Geburtstag wir zu Weihnachten feiern. Von dem müssen wir reden.

Keinen Reim aufs Jesulein

Nun habe ich es satt, alle Jahre wieder zu Weihnachten so zu tun, als ob Jesus noch das kleine Wickelkind wäre.
Ich habe das schon immer ekelhaft gefunden, wenn jemand die Jugendzeit eines berühmten Mannes beschreibt, sagen wir mal des Herrn Geheimrat Johann Wolfgang von Goethe, und so ganz treuherzig sagt: »Als der kleine Wolfgang noch in die Schule ging ...« Was heißt hier »der kleine Wolfgang?« Diese Kumpelhaftigkeit finde ich echt blöde. Und genauso geht es mir auf die Ketten, wenn zu Weihnachten dauernd vom »Jesulein« die Rede ist. Der ist doch kein Säugling mehr, der im Ställchen, im Kuhställchen bei Ochs und Eselein in einem Krippelein liegt.
Nein, er liegt nicht mehr in der Krippe. Er hängt nicht mehr am Kreuz. Er liegt nicht mehr im Grab. Sondern er ist auferstanden. Er steht vor dir und stellt dich vor die Entscheidung, ob du ihn als den Herrn deines Lebens annehmen willst.
Und ich habe es satt, alle Jahre wieder zu Weihnachten so zu tun, als ob dieser Mann und diese Geburtstagsfeier eine harmlose Angelegenheit wären.
In einem alten Weihnachtslied heißt es:

»Und wer dies Kind mit Freuden umfangen, küssen will,
muss vorher mit ihm leiden groß Pein und Marter viel.«

Ich fürchte, das haben viele ganz vergessen. Die große Party, die wollen alle. Aber die große Pein? Vielen ist es ja schon peinlich, wenn rauskommt, dass sie überhaupt was mit Kirchen's zu tun haben und sie am Heiligabend in eine Kirche gehen. Du kannst doch nicht zur Geburtstagsparty von Jesus gehn und sonst so tun, als hättest du mit ihm

nichts zu tun. Du kannst doch nicht den holden Knaben mit dem lockigen Haar anerkennen und den geschmähten Mann mit der Dornenkrone ablehnen. Du kannst Jesus nicht zerteilen. Es gibt doch nicht zwei Jesusse – einen niedlichen und einen blutigen. Das ist doch jedes Mal derselbe.
Und jedes Mal, wenn von ihm die Rede ist, an seinem Geburtstag oder an seinem Sterbetag, stehst du vor derselben Frage: Willst du diesen Jesus als deinen Herrn annehmen?
Es geht immer um eine Entscheidung. Und eine Entscheidung für Jesus hat immer Konsequenzen. Und die sind nicht immer ganz harmlos.
Zum Beispiel kann es dir passieren, dass du dich in unserer Gesellschaft unmöglich machst, wenn du im Namen von Jesus für die Schwächsten in unserer Gesellschaft, also für die ungeborenen Kinder, eintrittst und gegen die Abtreibung auftrittst. Oder wenn du die Wahrheit über den Islam sagst, der eine antichristliche Religion ist. Da wirst du sehen, dass in unserer angeblich toleranten Gesellschaft Schluss ist mit lustig.
Weihnachten ist nicht nur ein Anlass, um Räucherkerzel zu verbrennen. Es ist auch ein Anlass, sich den Mund zu verbrennen. Und deswegen sage ich, dass Weihnachten keine harmlose Angelegenheit ist.

Keine Cola für Angola

Ich habe es satt, alle Jahre wieder zu Weihnachten so zu tun, als ob alles in Butter wäre, als ob der Geburtstag von Jesus bloß noch dazu da ist, dass wir unsere Butterstollen mampfen. Natürlich, zu Weihnachten futtern wir was Besseres als Bratkartoffeln mit Sülze. Da trinken wir was besseres als 'ne Cola mit Schuss. Na das möchte sein! Wir haben wahrhaftig allen Grund zum Feiern! Denn dass Jesus in unsere

Welt gekommen ist, ist das erfreulichste Ereignis der Weltgeschichte. Wir dürfen bloß nicht vergessen, warum er in unsere Welt gekommen ist: um unsere verlorene Welt zu retten.

Jeder von euch kennt das Weihnachtslied »O du fröhliche«. Da heißt es: »Welt ging verloren«. Dieser Satz stimmt immer noch. Der stimmt sogar noch mehr als je zuvor.

Denn noch nie war unsere Welt so kaputt wie heute. Oder gehörst du zu den Naiven, die sagen: »Also so kaputt ist sie ja nun auch wieder nicht. Es ist zwar manches auf der Welt nicht O.K., aber im Großen und Ganzen entwickelt sich doch alles einigermaßen positiv, schließlich leben wir im Zeitalter des Fortschritts und der Menschenrechte.«

Sagtest du »Menschenrechte«? Am 10. Dezember 1948 haben die Vereinten Nationen die »Allgemeine Erklärung der Menschenrechte« beschlossen. Aber bis zum heutigen Tage gibt es rücksichtslose Tyrannen, die um ihrer machtpolitischen Ziele willen die Rechte der Menschen mit Füßen treten wie Kaiser Augustus.

Bis zum heutigen Tage gibt es Millionen Menschen, die als Flüchtlinge hin- und hergeschubst werden, obdachlos und unerwünscht wie Maria und Joseph. Bis zum heutigen Tage gibt es Millionen Menschen, die wegen ihrer Hautfarbe, ihres Glaubens, ihrer sozialen Stellung verachtet werden wie die Hirten von Bethlehem. Bis zum heutigen Tage wird in über 100 Mitgliedstaaten der UNO die Folter angewendet, und Gott allein weiß, wie viele Hunderttausende unschuldig in Gefängnissen und Straflagern sitzen, weil sie es gewagt haben, ihren Kopf zum Denken und ihren Mund zum Sprechen zu benutzen, weil sie von dem Menschenrecht der freien Meinungsäußerung Gebrauch gemacht haben. Und unter denen, die das Weihnachtsfest in Gefangenschaft verbringen müssen, sind vor allem viele Christen.

Und was den so viel gepriesenen Fortschritt betrifft – den gibt's doch bloß für paar Bevorzugte, die – wie wir – das Glück hatten, mit einer weißen Haut in einem reichen Land geboren zu werden. Für den Rest der Menschheit ist das Wort »Fortschritt« ein Fremdwort, bestenfalls ein ferner Traum.

In einem Dokument der UNO steht: »Zwei Drittel aller Männer, Frauen und Kinder auf der Erde von heute verbringen ihr Leben inmitten von Schmutz, Nahrungsmangel, Krankheit, Unwissenheit und vorzeitigem Tod.« Das sieht im Einzelnen so aus: Vier Milliarden Menschen wissen noch nichts von Jesus und leben in der Finsternis von Heidentum und Aberglauben. Die Hälfte der Erdbevölkerung ist unterernährt, Millionen hungern, 50 Millionen sterben pro Jahr an den Folgen der Unterernährung. 900 Millionen sind Analphabeten. In der Landwirtschaft arbeiten Millionen mit Hacke und hölzernem Hakenpflug. Das heißt: Zwei Drittel der Ackerfläche der Erde werden noch heute mit den gleichen Methoden bearbeitet wie vor 2000 Jahren, als Jesus geboren wurde. So sieht der so genannte »Fortschritt« der Menschheit aus.

Das habt ihr wohl noch nicht gewusst? Aber in welchem Laden es die Jeans am billigsten gibt, das wisst ihr. Naja, Hauptsache, ihr habt euren Kram für Weihnachten beisammen. Wie die Welt aussieht, ist ja uninteressant.

Liebesbrief aus Bethlehem

Seht ihr – genau das ist der Unterschied zwischen uns Menschen und Gott. Dem ist das nicht egal, wie's in unserer Welt zugeht. Der kann's nicht mit ansehn, wie wir uns gegenseitig das Leben schwer machen. Der sieht, dass wir nicht zurechtkommen mit unserer Sünde und ihren Folgen.

Und da sagt er: »Leute, ich komme zu euch und zeige euch einen Weg, wie eure Welt und eure Seele wieder Frieden finden kann.«
Und da ist er also gekommen. Als ein Kind. Als Judenkind. In elenden Verhältnissen unterwegs geboren. Ein schreiendes Bündel Mensch auf einer Hand voll Stroh. Am Schluss ein schreiendes Bündel Mensch, mit den Händen roh ans Kreuz genagelt.
Warum das alles? Warum dieses elende Sterben, dieses harte Leben, diese armselige Geburt? Warum wird Gott ein Mensch?
Keine Predigt im ganzen Jahr macht mir so viel Mühe wie die Weihnachtspredigt. Als ich an dieser Stelle war, wo ich erklären soll, warum Gott Mensch wurde, habe ich lange Zeit nachgedacht. Ich habe keine Möglichkeit gefunden, es euch zu erklären. Sondern ich habe eingesehen, dass diese Art von Predigt der unmögliche Versuch ist, etwas zu erklären, das man nicht erklären kann. Dass Gott, der große Gott, der Chef des Universums, Mensch wurde, das kann ich nicht begreifen. Das kann ich also auch nicht erklären. Das kann ich nur anerkennen, annehmen, anbeten. Das Einzige, was ich als Erklärung anbieten kann, ist: Gott wird Mensch aus Liebe. Mensch, Gott liebt dich!
Nun fang jetzt bloß nicht wieder an mit Fragen: »Und warum liebt er mich?« Tja, warum? Der liebt dich eben. Weiß auch nicht, warum. Oder wüsstest du irgendeinen Grund, was an dir so besonders liebenswert wäre, dass Gott sich in dich verknallen müsste? Wer bist denn du? Ich könnte eher Gründe aufzählen, warum Gott uns nicht lieben kann. Da gibt's genug. Aber der Hit ist – er liebt uns trotzdem!
Er ist verrückt vor Liebe nach uns, sucht unsere Nähe und kommt zu uns. Und überhaupt – ist das mit dem Warum wirklich so wichtig?

Also hör mal zu: Wenn zu dir ein Mädchen sagt: »Du, ich liebe dich!«, dann fragst du doch nicht zurück: »Warum?« Sondern da zuckst du entweder mit den Schultern oder du schwebst ihr an die Brosche und sagst: »Ja, ich dich auch«. Gott macht dir heute eine Liebeserklärung. Und wie jeder Liebende wartet er auf deine Erwiderung, auf dein Ja. Möchtest du ihm nicht heute dein Ja-Wort geben? Gott liebt dich so sehr, dass er dir das Beste gibt, was er hat: seinen Sohn. So steht es in der Bibel: »Sosehr hat Gott die Welt geliebt, dass er seinen einzigartigen Sohn gab, damit alle, die an ihn glauben, nicht verloren werden, sondern das ewige Leben haben« (Joh 3,16).

Am Anfang von allem steht Gottes unergründbare, unbegründbare Liebe. Und du hast das große Glück, heute von diesem Liebesangebot zu hören. Du hast die Chance, es anzunehmen.

Es gibt aber, ich habe das schon erwähnt, Milliarden Menschen, die von diesem Angebot nichts wissen. Die wissen überhaupt nichts von einer Erlösung.

Ein Teil kann es schon deshalb nicht erfahren, weil ihre Sprache noch nicht erforscht ist. Aber die Rückseite des Mondes ist erforscht! Dabei hat doch jeder Mensch auf dieser Erde das Recht zu erfahren, dass es einen Erlöser gibt. Das ist überhaupt das oberste aller Menschenrechte. Das steht zwar so in der »Allgemeinen Erklärung der Menschenrechte« nicht drin, aber in der Weihnachtsgeschichte, Lukas 2, steht das drin. Da sagt der Engel zu den Hirten: »Ich verkündige euch große Freude, die allen Völkern widerfahren wird, denn euch ist heute der Heiland geboren, welcher ist Christus, der Herr.«

Die Losung heißt Erlösung

Christus, der Retter, ist da! Das muss jeder wissen. Das muss die Kirche jedem sagen. Das ist der ausdrückliche Wille Gottes. Die Hauptaufgabe der Kirche ist die Weltmission, die Evangelisierung aller Menschen, weil es für alle nur einen Retter gibt: Jesus.
Die Welt rettet nicht der Kapitalismus und nicht der Kommunismus, und von deiner Sünde erlöst dich weder der Papst noch Karl Marx, weder Allah noch Buddha, sondern Jesus allein. Gott gab seinen Sohn, »damit alle, die an ihn glauben, nicht verloren werden«. Ohne Jesus bist du verloren!
Diese harte Wahrheit darf auch zu Weihnachten nicht verschwiegen werden. Im Gegenteil: Diese harte Wahrheit ist ja der Grund, warum Weihnachten überhaupt stattfindet.
Es gibt Leute, die fangen an dieser Stelle an zu stöhnen und fragen: »Kann uns denn der Pfarrer nicht wenigstens mal zu Weihnachten mit seinem Gerede von Sünde und Verlorenheit verschonen? Muss der uns denn auch noch zu Weihnachten mit dem Thema ›Sünde‹ kommen?« Ja, er muss! Kurze Zeit, bevor Jesus geboren wurde, hat Gott nochmal ausdrücklich klargestellt, warum Jesus geboren wird. Da lesen wir: »Er wird sein Volk retten von ihren Sünden« (Mt 1,21). Darum geht's. Gott will, dass keiner mehr verloren geht. Seit Jesus in die Welt kam, braucht keiner mehr verloren zu gehen. Du auch nicht. »Sosehr hat Gott die Welt geliebt, dass er seinen einzigartigen Sohn gab, damit alle, die an ihn glauben, nicht verloren werden, sondern das ewige Leben haben.« Wenn du an Jesus glaubst, dann bist du gerettet. Dann, nur dann, hast du Frieden.
Ich habe es satt, alle Jahre wieder zu Weihnachten diesen Friede-Freude-Eierkuchen vorgesetzt zu bekommen, an

dem die Hauptsache fehlt und von dem deshalb keiner wirklich leben kann. Ich habe es satt, alle Jahre wieder zu Weihnachten die Zeitung aufzuschlagen und verstümmelte Bibelzitate zu lesen. Da steht überall: »Friede auf Erden«. Das ist natürlich gut. Aber besser wäre, es stünde überall der vollständige Satz. Denn »Friede auf Erden«, das ist doch nur die Hälfte eines Satzes. Der Satz heißt im Ganzen: »Ehre sei Gott in der Höhe und Friede auf Erden.«

Ich kann doch nicht die Voraussetzung verneinen und die Folgen bejahen. Ich kann nicht das »Ehre sei Gott in der Höhe« unterschlagen und »Frieden auf Erden« rufen und mich dabei auf die Bibel berufen. Ich kann nicht den Frieden, von dem die Bibel spricht, in eine politische Losung umfälschen.

Denn der Friede, von dem die Bibel spricht, ist mehr als das Schweigen von Waffen. Er ist die Überwindung des Hasses durch die Liebe, die Beseitigung der Schuld durch Vergebung. Diesen Frieden gibt es nur dort, wo Gott geehrt wird. Gott wird am besten geehrt, wenn der Mensch sich bekehrt. Also: Gib Gott die Ehre!

Gott macht sich aus Liebe klein,
wirbt um uns und lädt uns ein,
teilt in Jesus bis zur Neige
unsre Angst und unsre Freude.
Gott macht sich aus Liebe klein,
wirbt um uns und lädt uns ein.

Keine Diener, die ihm dienen, wie ein König es gewohnt.
Keine daunenweichen Kissen, nichts, was seine Würde schont.
Keine gutbetuchten Eltern, kein Palast, in dem er thront.

Gott wird Mensch und kommt uns nahe, wo bei uns das Elend wohnt.

Keine Kisten schwer von Silber, keine Schränke voll Besteck.
Keine seidenen Gewänder, nicht einmal ein Himmelbett.
Keine reich gedeckte Tafel, Wohlstand, der zum Himmel schreit.
Gott wird Mensch und wir erkennen ihn an seiner Menschlichkeit.

Keine wochenlange Werbung bis zur großen Supershow, abseits unsrer Leuchtreklamen legt sich Gott auf Heu und Stroh.
Dort, wo unsre Not am größten, steht er wartend vor der Tür.
Gott wird Mensch und nimmt aus Liebe einen Viehstall als Quartier.

(Jörn Philipp)

Kinderschreie

Matthäus 2,16–18

Die Weihnachtsgeschichte – Geschichte von Maria und Joseph und dem Kind in der Krippe – ist ziemlich gut bekannt. Es ist eine schöne Geschichte. Ich finde: Es ist überhaupt die schönste Geschichte in der ganzen Bibel.
Weniger bekannt ist eine andere Geschichte, die unmittelbar danach passiert ist. Es ist eine grausame Geschichte. Ich finde: Es ist überhaupt die grausamste Geschichte in der ganzen Bibel. Es ist die Geschichte vom Kindermord des Herodes.

Kinderleichen statt Kinderlachen

»Herodes befahl, in Bethlehem und in der Umgebung alle kleinen Jungen bis zu zwei Jahren zu töten« (Mt 2,16).
Der Gegensatz zur Weihnachtsgeschichte ist so scharf wie der zwischen Tag und Nacht. Die Szene hat sich radikal verändert. Wo die Krippe stand, steht der Hackeklotz. Wo das neugeborene Kind lag, liegen Kinderleichen. Wo eben noch drei Könige aus dem Morgenland das Kind anbeteten, besudeln sich die Büttel des Königs Herodes mit dem Blut von Kindern. Wo eben noch eine Mutter das Wunder eines neuen Lebens bestaunte, betrauern jetzt Mütter das zerstörte Leben ihrer Kinder.
In Bethlehem jubeln nicht mehr die Engel. In Bethlehem jammern die Mütter. Und wir fragen uns: Warum? Warum bis zum heutigen Tag so viel Leid, so viel Grausamkeit, so viel Sinnlosigkeit? Was ist denn eigentlich los?

Na der Teufel. Der Teufel ist los. In der Bibel steht: »Dazu ist erschienen der Sohn Gottes, um die Werke des Teufels zu zerstören« (1Joh 3,8). Der Teufel wusste von Anfang an Bescheid. Er tritt sofort zum Kampf an. Während die Engel jubeln: »Ehre sei Gott in der Höhe«, findet unten in der Hölle bereits die Mobilmachung statt. Und kaum ist der Gottessohn geboren, erfolgt der erste Angriff. Das Jesuskind ist noch nicht trocken hinter den Ohren, da will ihm der Satan schon an den Kragen.

Weihnachten bringt eben nicht bloß Freude. Weihnachten bringt auch Ärger. Solche Leute wie die Hirten, also Machtlose, Unterdrückte, einfache Menschenkinder, die freuen sich. Solche Leute wie der König Herodes, also Machthaber, Unterdrücker, Menschenschinder, die ärgern sich.

Es ist schwer zu verstehen, aber es ist so: Es gibt Leute, die möchten Weihnachten am liebsten ungeschehen machen. Die möchten alles, was mit diesem verhassten Jesus zu tun hat, am liebsten ausrotten. So einer ist der König Herodes gewesen. Er plant, das Kind zu töten. Warum? Es gibt ein Gedicht von Gerd Semmer, das beantwortet die Frage so:

»Es kam das Kind in unsre Welt,
um die war es nicht zum besten bestellt.
Die armen Leute und Weisen eilten sofort
aus Ost und West, zu hören das neue Wort.

König Herodes hatte es kaum vernommen,
da kam er schon mit hundert frommen
Kriegern, um alle Kinder zu schlachten,
die ihm etwa nach dem Leben trachten.

Die Mutter hat früh davon geträumt.
Der Vater hat den Esel aufgezäumt.

Sie flüchteten das Kind nach dem Süden.
Das neue gefährliche Wort hieß – Frieden.«

Nichts ist in unserer Welt so bedroht wie der Frieden. Diese Bedrohung bekommt Jesus, von dem die Bibel sagt: »Er ist unser Friede«, von Anfang an zu spüren. Seine Eltern fliehen mit ihm nach Ägypten, wie es ihnen im Traum von Gott gesagt wird. Das Jesuskind ist zunächst einmal in Sicherheit. Ich sage: zunächst einmal. Denn das Kind wird ja hier nur gerettet, damit es später als Mann am Kreuz sterben kann, um dich und mich zu retten.

Henker ohne Lenker

In unserer Geschichte wird das Jesuskind erst mal gerettet, schön und gut. Aber wie die Geschichte weitergeht, das ist eben nicht schön und gut. Da rücken die Soldaten des Herodes an, um das Jesuskind zu töten. Und da sie nicht genau wissen, welcher Judenbalg das gesuchte Kind ist, schlachten sie eben flächendeckend alle Jungs von Bethlehem und Umgebung ab, die unter zwei Jahren sind.
Das Entsetzliche an dieser Geschichte ist, dass hier Kinder ermordet werden und dass sie ermordet werden wegen Jesus. Das ist das Furchtbarste. Wäre Jesus nicht in Bethlehem geboren worden, wären diese Kinder nicht ermordet worden. So wird aber Jesus die unschuldige Ursache des Todes von Unschuldigen.
Sicher: Dieses Blutbad wird nicht von Gott, sondern von einem Gegner Gottes veranstaltet. Trotzdem fragen wir uns: Wie konnte Gott das Gemetzel an diesen Kindern zulassen? Wie passt das zu Weihnachten? Wie passt das zu der Botschaft von der Liebe Gottes? Wie passt das überhaupt zu Gott? Ist dieser Mord an den Kindern nicht sinnlos? Ja, er ist

sinnlos. Sinnlos wie alles Morden im Krieg und im Frieden. Und noch besonders sinnlos, weil's ja kleine Kinder sind, deren Leben erst anfangen sollte.
Es ist zwecklos, eine Erklärung zu suchen. Es ist zwecklos, Gott irgendwie beschuldigen oder entschuldigen zu wollen. Es ist zwecklos, in diesem Leiden einen Sinn sehen zu wollen. Hier sind unsere Weisheit und unsere Theologie zu Ende.
Wir kommen um die Erkenntnis nicht herum: Unsere Welt ist voller Sinnlosigkeiten, und besonders das Leben des Gotteskindes und aller Gotteskinder ist immer bedroht. Bedroht durch die Brutalität von Menschen, die nur sich selber kennen und Gott nicht kennen wollen.
Und es gehört zu den harten und unbegreiflichen Gesetzen der Welt, dass unter den Gräueln der Weltgeschichte meistens diejenigen am meisten zu leiden haben, die, menschlich gesprochen, unschuldig sind und das am wenigsten verdient haben.

Wenn der Tyrann nicht mehr kann

Warum hat Herodes den Schießbefehl gegeben? Was ist sein Motiv? Herodes, der mächtigste Mann im Land, handelt aus Angst. Er gehört zu den Menschen, die nur politisch denken. Die sich einfach nicht vorstellen können, dass es außer der politischen Macht noch eine ganz andere Dimension des Lebens geben könnte.
Er hat gehört, dass in Bethlehem ein König geboren worden ist. Das bloße Stichwort »König« löst bei ihm – auch wenn es sich nur um einen Säugling handelt – die Kettenreaktion der Angst aus. Was der eigenen Macht gefährlich werden könnte, muss beseitigt werden. In der Macht des Machthabers lauert die Angst als die Quelle ungezählter böser Taten.

Ich will die Taten, die Untaten des Herodes, jetzt nicht alle aufzählen. Er war einer der schlimmsten Bluthunde der Antike. Sieben Jahre vor dem Kindermord von Bethlehem hat er seine beiden eigenen Söhne wegen Hochverrats erdrosseln lassen.

Wenn einer seine eigenen Kinder umbringen lässt, dann wundert es nicht, dass er auch vor einem Massenmord an anderen Kindern nicht zurückschreckt.

Wenn es nicht so entsetzlich traurig wäre, dann könnte man es als einen Witz empfinden, dass Machthaber Angst haben. Denn wir sehen es ja am Herodes: Auch Machthaber kennen die Angst. Und bevor sie vor Wut zittern, haben sie erst vor Angst gezittert.

Wer so viel Blut an den Händen kleben hat wie Herodes, der muss die Rache der Menschen fürchten. Wer solche Verbrechen gegen die Menschlichkeit begangen hat wie dieser Tyrann, der muss immer in Angst leben. Je größer die Verbrechen, umso größer die Angst, umso unruhiger das Gewissen, umso misstrauischer der Machthaber. Wenn Machthaber Verbrechen begangen und dann Angst haben, dann sind die doppelt und dreifach gefährlich. Dann fühlen sie sich durch alles und jeden bedroht.

Die menschenmordende Maschinerie der Stasi wurde durch den Motor der Angst in Gang gehalten. Die Staatssicherheit fühlte sich verunsichert durch Bücher, Gedichte, Witze, Lieder, Theaterstücke, Bilder, also durch Gedanken, Ideen. Diese allgemeine Verunsicherung, wie sie typisch ist für deutsche Machthaber, hat schon Heinrich Heine so schön beschrieben in seinem Gedicht »Deutschland – ein Wintermärchen«. Und da gerade mal wieder Winter ist, will ich ein paar Strophen draus vorlesen. Er beschreibt, wie die preußischen Zöllner seine Koffer durchwühlen:

»Beschnüffelten alles, kramten herum
in Hemden, Hosen, Schnupftüchern;
sie suchten nach Spitzen, nach Bijouterien,
auch nach verbotenen Büchern.

Ihr Toren, die ihr im Koffer sucht!
Hier werdet ihr nichts entdecken!
Die Konterbande, die mit mir reist,
die hab ich im Kopfe stecken.

Hier hab ich Spitzen, die feiner sind
als die von Brüssel und Mecheln,
und pack ich einst meine Spitzen aus,
sie werden euch sticheln und hecheln.

Und viele Bücher trag ich im Kopf!
Ich darf es euch versichern,
mein Kopf ist ein zwitscherndes Vogelnest
von konfiszierlichen Büchern.«

Ein Staat wie der preußische fühlte sich bedroht von den Spitzen eines Dichters. Ein Staat wie die DDR fühlte sich bedroht von den Witzen eines Pfarrers. Ein Staatsmann wie Herodes fühlte sich bedroht von der Existenz eines Säuglings.

Gewalt kennt kein Halt

Die Gewalt hat Angst vor der Gewaltlosigkeit – das ist die bittere Wahrheit, die den Kindern von Bethlehem, die später Jesus selber, die Millionen von Menschen das Leben gekostet hat. Alle Gegnerschaft gegen Jesus hat hier ihre Wurzel. Und gerade die Beteuerung von Jesus, dass sein Reich nicht von dieser Welt ist, gerade die Beteuerung der Kirche, dass sie Gewalt ablehnt, ist den Machthabern vom Schlage eines Herodes verdächtig. Weil sie eben nur in den Kategorien von Macht und Gewalt denken können. Deshalb ist ihnen gerade das, was nicht von dieser Welt ist, so unheimlich und bedrohlich, dass sie immer wieder zuschlagen, ohne Grund, ohne Sinn, ohne angegriffen zu sein.

Der Vernichtungskampf des Herodes, sein aus Angst geborener Hass, hat deshalb in der Geschichte immer wieder Neuauflagen erlebt. Die Geschichte der Kirche ist eine Geschichte der blutigen Verfolgung bis in unsere Gegenwart. Noch nie hat es so viel christliche Märtyrer gegeben wie in unserer Zeit, wo Hunderttausende von Christen wegen ihres Glaubens gefoltert, in Straflagern gehalten, getötet werden. Daran dürfen wir Christen, die wir in Freiheit leben, uns nicht gewöhnen. Deshalb sollten wir es uns zur Gewohnheit machen, täglich für die Märtyrer und ihre Familien zu beten.

Wo es um die Sicherung der eigenen Macht geht, gehen Machthaber skrupellos über Leichen. Sie lassen sich nicht rühren durch die Tränen der Mütter oder durch die Drohungen der UNO. Sie lassen Millionen aus ihrer Heimat vertreiben, verhungern, vergewaltigen, vergasen.

Der Mord an den Kindern von Bethlehem ist nur ein Symptom für die Verbrechen, die um der Macht der Mächtigen willen in millionenfacher Vergrößerung geschehen sind durch die Jahrhunderte bis in unsere Tage. Das ist sinnlos. Absolut sinnlos. Aber das ist unsere Welt.

Das ist die Welt, in die Jesus gekommen ist, um unser Bruder zu werden. Wir werden diese Welt nicht ändern. Keiner von uns hat die Möglichkeit, dieses sinnlose Leid abzuschaffen. Aber jeder von uns hat die Möglichkeit, etwas Sinnvolles dagegen zu tun und Linderung zu schaffen.

Was mit den Kindern in Rumänien, Ruanda, Jugoslawien

und Lima passiert ist, können wir nicht mehr ändern. Aber dass sie nicht noch länger leiden müssen, das können wir ändern. Und wir können noch ganz andere Dinge ändern.

Zu Tode geboren

In der Welt von heute ist das Kindermorden im großen Stil im Gange. Gegen das Kinderschlachten in unserer modernen Zeit war Herodes ein Waisenknabe.
Während wir zu Weihnachten Verdauungsschnäpse schlucken müssen, damit uns die fette Gans nicht länger aufstößt, verhungern täglich tausende Kinder, die noch nicht einmal einen Schluck sauberes Wasser haben.
Während wir zu Weihnachten aus allen Lautsprechern die Kinderchöre plärren lassen, überhören wir den stummen Schrei tausender Kinder, die täglich in Deutschland umgebracht werden. Natürlich nicht so plump wie bei Herodes, nicht mit der Keule erschlagen oder dem Bajonett aufgeschlitzt.
Bei uns wird nicht abgeschlachtet, sondern abgetrieben. Oder, wem das zu unangenehm klingt, der sagt vornehm: »Wir haben einen Schwangerschaftsabbruch vornehmen lassen.«
Bei uns töten nicht rohe Soldaten, sondern der Herr Doktor im weißen Kittel. Und er tut's nicht im Auftrag des Herodes, sondern im Auftrag der Mütter oder richtiger gesagt der Frauen, die es nicht wert sind, Mutter zu heißen, und die, um nur ja nicht Mutter werden zu müssen, lieber zum Mörder werden. Abtreibung ist Mord.
Bei uns weinen die Mütter nicht wie in Bethlehem, sondern sie triumphieren, sie schmieren es noch mit Angabe ihres Namens und der Zahl der Abtreibungen in alle möglichen Zeitungen.

Sie gebärden sich als Helden der Selbstverwirklichung, wenn sie die Frucht ihres Leibes nicht gebären, sondern auskratzen lassen und ihr unschuldiges Kind abgekratzt ist. In Deutschland sind es, so schätzt man, pro Jahr 300 000, in der Welt etwa 60 Millionen. Und da braucht's keine umständlichen KZ-Krematorien, das erledigt die zuständige Klinik. Da braucht's keine Massengräber, da genügen die Mülltonnen.
Gott allein weiß, wie viele seiner Geschöpfe vor der Geburt getötet wurden, wie viele von euch der Tötung eines Kindes zugestimmt haben – wie viele von euch Mädchen, Jungs, von euch Eltern, Großeltern, Freunden. Euch allen möchte ich sagen, dass es für alle eine Vergebung gibt. Das ist der Sinn von Weihnachten: Jetzt gibt's einen, der vergibt.
Es gibt einen Spruch, der zu den blödesten gehört, die ich kenne. Der heißt: »Hätte Maria abgetrieben, wär' uns Weihnachten erspart geblieben.« Zum Glück steht's in der Bibel anders: »Maria wird einen Sohn gebären, dem sollst du den Namen Jesus geben, denn er wird sein Volk retten von ihren Sünden« (Mt 1,21). Hätte Maria abgetrieben, dann wüssten wir nicht, wohin mit unseren Sünden. Dann müssten wir in die Hölle – wegen unserer Sünden.
Aber das ist uns durch Jesus erspart geblieben! Jedenfalls jedem, der die Vergebung annimmt.
Weihnachtsgeschenke nimmt normalerweise jeder gerne an. Warum willst du das Weihnachtsgeschenk Gottes, die Vergebung durch Jesus, nicht annehmen, nicht in Anspruch nehmen? Selbst wenn du einen Mord wie eine Abtreibung auf dem Gewissen hast – es gibt für dich eine Vergebung!

Hänschen klein blieb allein

Aber man kann Kinder auch ohne Abtreibung morden. Und diejenigen unter euch, die die Sünde der Abtreibung verur-

teilen und davon frei sind, sollen sich mal überlegen, ob sie auch frei sind von der Herodesgesinnung, von dem egoistischen Denken und Leben auf Kosten der Kinder.
Man kann an Kindern auch Seelenmord betreiben, und viele Eltern tun das, unbewusst und ohne Absicht, indem sie sich auf Kosten ihrer Kinder ein bequemes Leben machen. Wenn z.B. beide ohne wirtschaftliche Notwendigkeit arbeiten gehen, dann sind die Geschädigten die Kinder, deren Mütter nervös sind, die keine Zeit haben, um mit den Kindern zu reden, zu spielen, zu schmusen, Schularbeiten zu machen. Die ihre Kinder sich selbst und der Straße oder dem Fernseher überlassen. Seit Hoyerswerda und Mölln, seit Erfurt und dem Anschwellen sinnloser Gewalt bei Jugendlichen sind sich die Soziologen einig: Schuld ist u.a. das Fehlen intakter Familien, das Fehlen der Mütter.
Ich verstehe gar nicht, warum da alle zustimmen, aber alle losbrüllen, wenn der Heitmann genau dasselbe sagt, nämlich: Die Rolle der Mutter muss gestärkt werden. Da hat er doch Recht! Das wichtigste, was ein Kind braucht, ist die Mutter. Und keine Mutter sollte ohne dringende Notwendigkeit ihre Mutterpflichten vernachlässigen.
Warte lieber mit der Anschaffung eines neuen Autos noch ein paar Jahre und sei dafür lieber die ersten Jahre ganz für deine Kinder da. Statt Geld zu machen auf Arbeit, mach lieber mit deinen Kindern Schularbeiten. Statt deine Macht zu gebrauchen – und als Erwachsener hast du ja die Macht gegenüber deinem Kind –, räume dem Kind sein Recht ein: sein Recht auf Leben, sein Recht auf die Mutter, nicht bloß sein Recht auf einen Platz in der Kindertagesstätte.
Wir haben wahrhaftig wenig Grund, uns über Herodes aufzuregen. Die Herodesgesinnung – Macht gebrauchen, Schwächere schachmatt setzen, nur an sich selber denken – diese Gesinnung steckt doch in uns allen drin. Aus dieser

Gesinnung kommen alle Sinnlosigkeiten in der Welt. Was wir brauchen, ist eine neue Gesinnung. Die Bibel macht einen Vorschlag: »Jeder soll so gesinnt sein, wie Jesus Christus war.«
Und wie war er? Er war Gott gehorsam. Er hat niemandem Böses getan. Er hat niemanden vergewaltigt oder unterdrückt. Er hat verzichtet auf Gewalt. Er hat vergeben. Er war ehrlich, wahrhaftig und gerecht.
Und was hat es ihm eingebracht? Verfolgung, Hass, Heimatlosigkeit, Leiden, Kreuzigung.

Es knallt gleich – aber kein Sektkorken

Und deshalb sollte jeder von euch sich darüber im Klaren sein: Wenn du mit Jesus lebst, wenn du so wie Jesus lebst, dann zieht sich der Teufel nicht rücksichtsvoll von dir zurück. Im Gegenteil, dann greift der Teufel rücksichtslos an. Bei Jesus hat er es versucht von der Geburt bis zum Tod, und was ihm bei Jesus recht war, ist ihm bei den Nachfolgern von Jesus billig.
Deshalb ist die billige Weihnachtsduselei, die aus Weihnachten eine harmlose Pfefferkuchenparty macht, so irreführend und verlogen. Ich rate dir: Nimm Weihnachten und überhaupt deine Beziehung zu Jesus nicht so harmlos.
Zu Weihnachten, an der Krippe, da fühlen wir uns alle wohl. Und zwar mit Recht. Es ist gut, dass es wenigstens einen Tag im Jahr gibt, an dem nicht geschossen wird, die Waffen schweigen und Friede auf Erden ist. Es ist gut, dass wir uns wenigstens einmal im Jahr an Gottes Liebe freuen können wie die Kinder.
Aber wir dürfen nicht vergessen, dass der Weg, der an der Krippe anfing, am Kreuz geendet hat. Das Kreuz ist aus dem gleichen Holz geschnitzt wie die Krippe.

Und das Kreuz wirft seinen riesigen Schatten über die Menschheit aller Jahrhunderte.
Wenn du dir Leid ersparen und ein angenehmes Leben haben möchtest, dann lass die Finger von Jesus. Denn wenn du dem nahe kommst, kommst du unweigerlich auf den Weg des Leidens. Dieses Leiden um Jesu willen kannst du dir ersparen. Aber ich sage dir: Andere Leiden und Sinnlosigkeiten werden dir nicht erspart bleiben.
Jetzt bist du noch jung und hast keine Ahnung von den Katastrophen, die dich treffen können. Jetzt hältst du für die größte Katastrophe deines Lebens, wenn dir der Weihnachtsmann das Handy, von dem du träumst, nicht bringt. Diese Katastrophe lässt sich zur Not mit einem Wutanfall, ein paar Tränen oder Glas Bier bewältigen.
Aber ich sage dir, wenn die wirklichen Schrecken des Lebens kommen und die Schicksalsschläge auf dich eintrommeln, dann brauchst du einen Halt, damit du nicht im Strudel der Sinnlosigkeit durchdrehst und untergehst.
Wenn deine Sünde dich kaputt macht, dann brauchst du einen, der dich wieder heil macht.
Wenn du am Ende bist, brauchst du einen, der dir hilft, einen Neuanfang zu machen.
Dieser Halt, dieser Heiland, dieser Helfer will Jesus sein. Jesus heißt: Gott hilft. Gott rettet.
Du kannst von Jesus sagen, was du willst, aber eins kannst du nicht sagen: Dass der sich aus dem Leid und der Sinnlosigkeit rausgehalten hätte. Nein, reingehängt hat er sich, bis er selber als Opfer am Kreuz hing.

Wir haben heute über unsere Welt gesprochen, in der der Mensch so unmenschlich werden kann, dass er sogar zum Mörder von unschuldigen Kindern werden kann. Das ist die Welt, in die Jesus gekommen ist. Er hat sich der Brutalität

dieser Welt gestellt. Es ist eine finstere Welt, die von der Macht der Sünde beherrscht und von der Nacht der Schuld bedeckt wird.
Beim Propheten Jesaja lesen wir: »Finsternis bedeckt das Erdreich und Dunkel die Völker. Aber über dir geht auf der Herr und seine Herrlichkeit erscheint über dir« (Jes 60,2). Was Gott da versprochen hat, hat er zu Weihnachten wahr gemacht. Deshalb können wir jetzt singen:

Doch ein Licht ist gekommen, das hat unsre Nacht erhellt.
Es wird niemals verlöschen in der Welt.

Viele bunte Lichter
versprechen Glanz und Glück,
blenden die Gesichter, und Sehnsucht bleibt zurück.
Doch ein Licht ist gekommen, das hat unsre Nacht erhellt.
Es wird niemals verlöschen in der Welt.

Du kannst es nicht finden
schnell im Vorübergehn.
Bei der Jagd nach Wohlstand, da wirst du es nicht sehn.
Doch das Licht ist gekommen, das hat unsre Nacht erhellt.
Es wird niemals verlöschen in der Welt.

Dort, wo Menschen tragen
des andern Last und Leid,
neue Freude wecken in dumpfer Traurigkeit,
ist das Licht hingekommen, das hat unsre Nacht erhellt.
Es wir niemals verlöschen in der Welt.

Dieses Licht ist Liebe,
die von Gott gekommen ist,
sie ist Mensch geworden
in Jesus Christ.

(Karl-Heinz Willenberg)